Geheime Künste

HANDLESEN

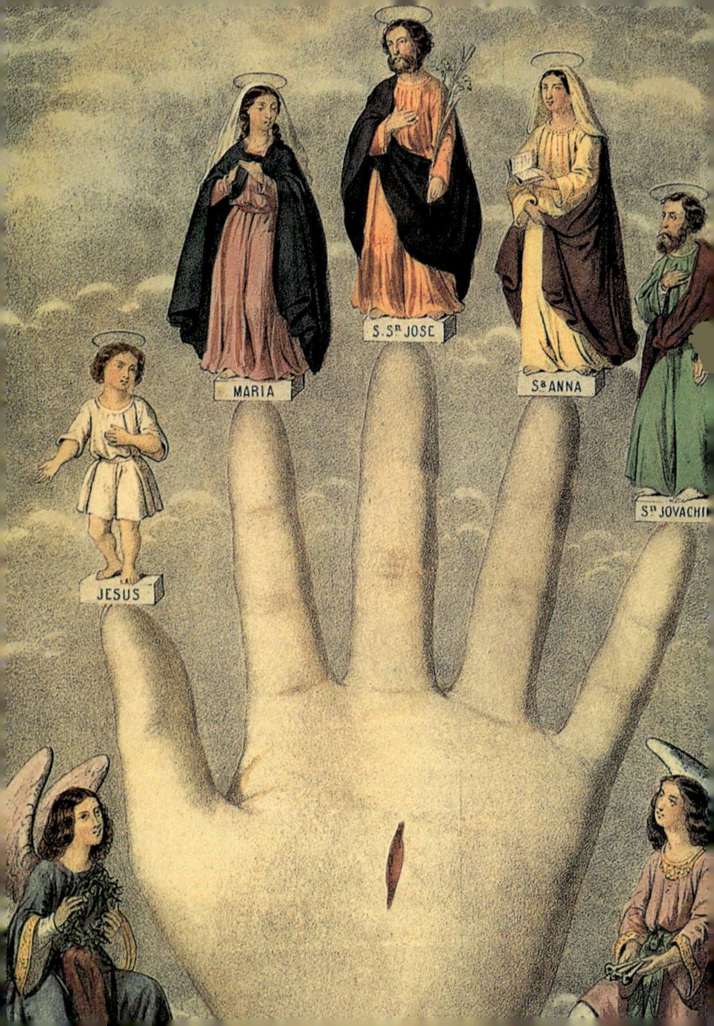
S. S^n JOSE
MARIA
S^a ANNA
S^n JOVACHI
JESUS

Geheime Künste

HANDLESEN

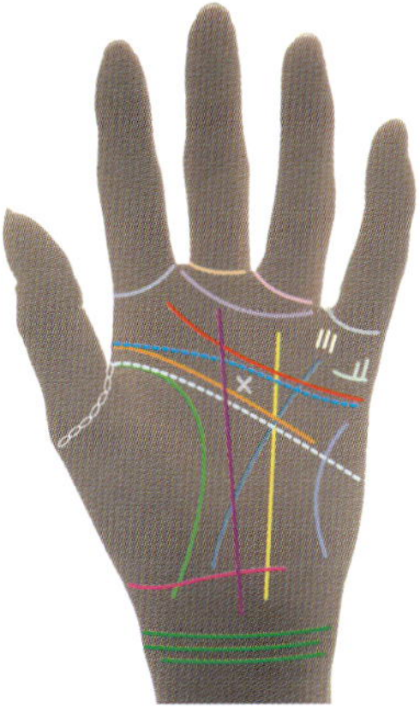

PETER WEST

evergreen

EVERGREEN is an imprint of TASCHEN GmbH

Hohenzollernring 53, D-50672 Köln
www.taschen.com

Originalausgabe von
THE IVY PRESS LIMITED,
The Old Candlemakers, Lewes, East Sussex BN7 2NZ
Art director *Peter Bridgewater*
Redaktionsleitung *Sophie Collins*
Designer *Kevin Knight, Jane Lanaway, Alistair Plumb* **Project Editors** *Rowan Davies and Caroline Earle*
Bildrecherche *Liz Eddison*
Fotografien *Guy Ryecart*
Illustrationen *Sarah Young, Anna Hunter-Downing, Andrew Kulman*
Dreidimensionale Modelle *Mark Jamieson*

Gesamtproduktion der deutschen Ausgabe:
akapit Verlagsservice Berlin – Saarbrücken (www.akapit.de)
Übersetzung aus dem Englischen: *Julia Bonstein (akapit Verlagsservice)*
Lektorat: *Ina Friedrich (akapit Verlagsservice)*

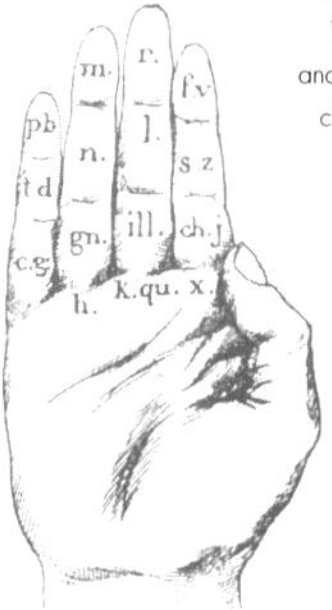

Printed in China

ISBN 3-8228-2501-8

Die Ratschläge und Empfehlungen in diesem Buch wurden von Autoren und Verlag nach bestem Wissen und Gewissen erarbeitet und sorgfältig geprüft. Dennoch kann eine Garantie oder Haftung nicht übernommen werden.

INHALT

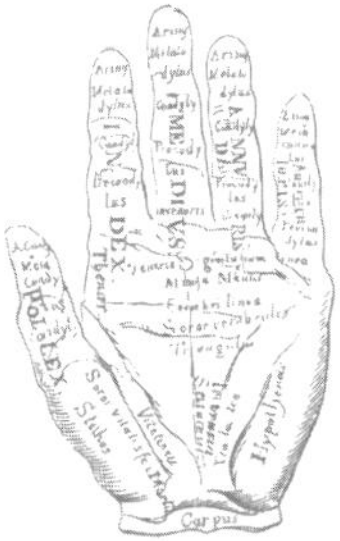

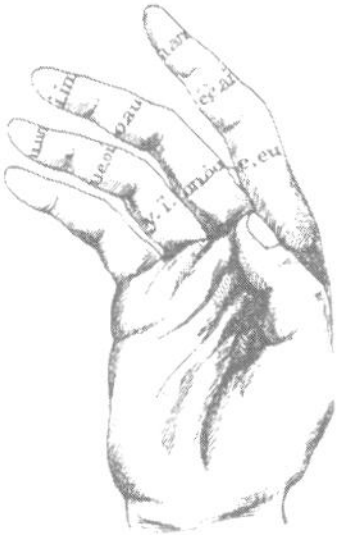

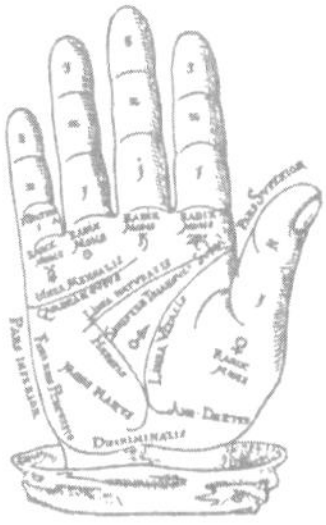

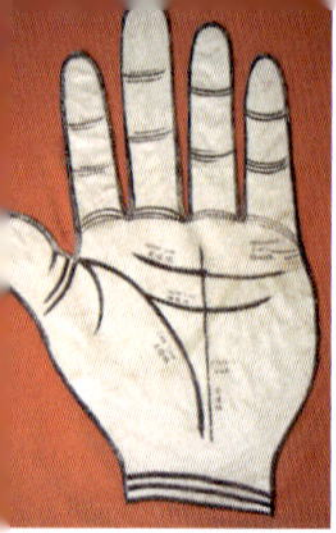

Handlesen

Die Form der Hand mit ihren Linien, Erhebungen und markanten Besonderheiten kann viel über den Charakter einer Person sagen.

ÜBER DIESES BUCH

Zum einfacheren Gebrauch ist dieser Ratgeber in Kapitel unterteilt. Das erste Kapitel beschreibt die Grundlagen des Handlesens, die Bedeutung von Größe und Form der Hand und wie man aufgrund von Handabdrücken eine detaillierte Analyse erstellt. Das zweite Kapitel führt die Haupt- und Nebenlinien der Hand sowie die zu beachtenden Hautmuster und deren Bedeutung auf. Das dritte Kapitel zeigt Ihnen schließlich anhand von Fallstudien, wie Sie das Gelernte in die Praxis umsetzen können.

Handlesen lernen

Das Ziel des Buchs besteht darin, den Leser zu ermutigen, das Handlesen selbst auszuprobieren und Freude an der Entwicklung eigener Fähigkeiten zu haben. Die heutige Handlesekunst verbindet moderne wissenschaftliche Methoden mit uralter Weisheit und dieser Ratgeber lässt den Handleser faszinierende Einsichten in eigene und fremde Charaktereigenschaften und Lebenserfahrungen gewinnen.

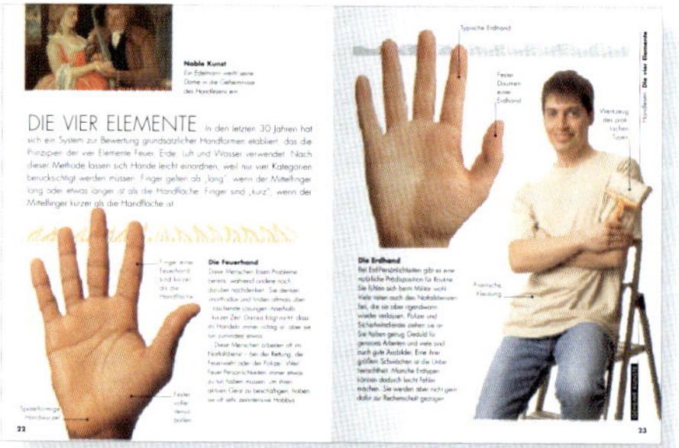

Grundlagen

Der erste Teil bietet grundlegende Informationen zu Handformen und Hautmustern.

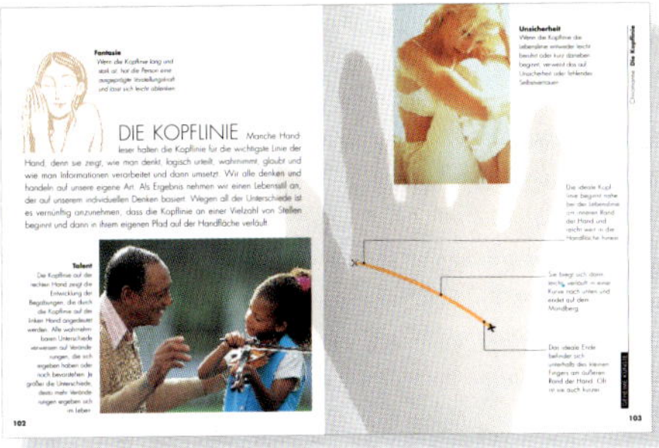

Die Linien

Praktische Farbabbildungen zeigen Ihnen, wie Sie die Haupt- und Nebenlinien der Hand erkennen und ihre Bedeutung interpretieren.

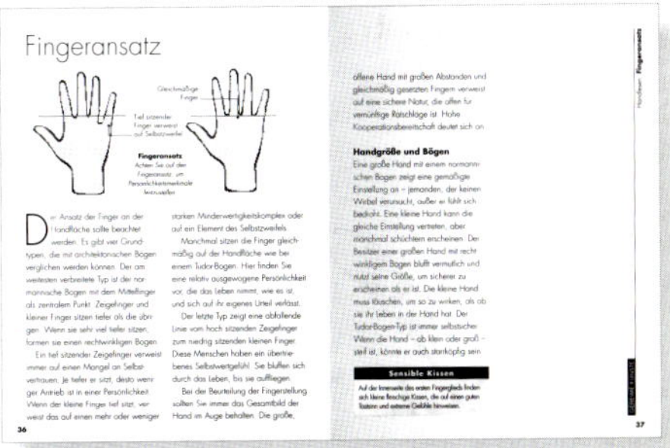

Detail

Auf jeden Farbteil folgen detailliertere Informationen zu allen Bereichen des Handlesens.

Fallstudien

Mit einfachen Beispielen von Handabdrücken können Sie Gelerntes in die Praxis umsetzen. Vielleicht können Sie sogar die Zukunft vorhersagen.

Einführung

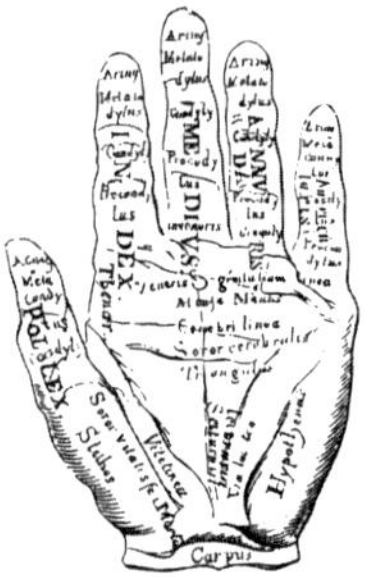

Eine uralte Kunst
Ein alter Handabdruck mit lateinischer Schrift.

Niemand kann sicher sagen, wo der Ursprung des Handlesens liegt. Wahrscheinlich kam es aus Indien zu uns. Vielleicht reichen die Wurzeln aber auch bis ins alte China, Korea oder Japan, wo das Handlesen ebenfalls weit verbreitet ist. Auch die Babylonier und Ägypter nutzten das Handlesen zur Zukunftsdeutung.

Viele der ältesten Schriften und Illustrationen stammen jedoch aus Indien. Das Handlesen ist seit 5000 Jahren im Fernen Osten bekannt, aber bei uns zeichnete man erst sehr viel später Wissen darüber auf. In Europa gibt es nur eine Hand voll seltener schriftlicher Zeugnisse und wenige Zeichnungen, die allerdings schwierig zu datieren sind. In uralten Zeiten war Handlesen nichts weiter als Aberglaube: Es gab keine schriftlichen Regeln, keine Methode und kein System, das weitergegeben werden konnte. Damals konnten ohnehin nur wenige Menschen lesen und schreiben.

Frühe Dokumente sind nur grobe Aufzeichnungen, weniger wegen des fehlenden Wissens als vielmehr aufgrund der Unfähigkeit, sich schriftlich präzise auszudrücken. Das, was wir heutzutage über das Handlesen wissen, wurde größtenteils mündlich – und wahrscheinlich heimlich – weitergegeben, weil die Kirche diese Methode der Weissagung nicht billigte.

Erste schriftliche Zeugnisse

Das erste bekannte Dokument zur Handlesekunst ist ein englisches Manuskript, das als Digby Roll IV bekannt ist und aus der Zeit um 1440 stammt.

Es besteht aus einigen Streifen Pergamentpapier, die im Stil der Zeit in der Größe 220 x 20 cm zusammengenäht sind. Es beinhaltet nur wenige einfache Illustrationen.

Frühe Wahrsager benutzten zum Handlesen ausschließlich die Linien der Hand. Die Chiromantie – die ursprüngliche Kunst des Handlesens – wurde erst ab der Mitte des 19. Jhd. richtig entwickelt. Dies verdanken wir den Franzosen Casimir D'Arpentigny, der 1865 mit *La Science de la Main* das maßgebliche Buch über Handformen veröffentlichte, und Adrien Desbarrolles, der 1859 *Les Mystères de la Main* herausbrachte, das sich auf die Studie der Handlinien konzentriert.

Die Wurzeln der Dermatoglyphie – der Lehre des Handfurchen-Lesens – liegen ebenfalls im 19. Jhd. und wurden vom Engländer Francis Galton zur Daktylografie – der Lehre von den Fingerabdrücken – weiterentwickelt. Von ihm stammt das uns heute so bekannte System der Fingerabdrücke zur Identifizierung von Personen.

HANDLESEN

Die Handlesekunst blieb der Öffentlichkeit über viele Jahrhunderte hinweg trotz starker Opposition der Kirche im Gedächtnis. In den Bibliotheken des Vatikan lagern einige wunderbare alte Dokumente, aber diese bleiben nach wie vor unter Verschluss. Im mittelalterlichen Europa verurteilte die Kirche, die nicht nur um religiöse, sondern auch um politische Macht kämpfte, die Praktiken der Astrologie und des Handlesens fast gänzlich. Allerdings zeigte sie sich im Bereich der Astrologie etwas weniger streng, weil es kaum einen Mediziner gab, der dieses Wissen nicht vor der Behandlung eines Patienten zu Rate zog. Heute wird die Analyse der Hand als Teil der Anamnese verwendet – vor allem in der alternativen Heilkunde.

Grundsätzliches

Die Handlesekunst hat heute drei separate Teilbereiche: die Chirognomie (die Studie der Handformen), die Chiromantie (die Studie der Linien und anderer Zeichen der Handfläche) und die Dermatoglyphie (die Studie der Hautmuster auf den Fingern und der Handfläche).

Chiromantie

Dies ist die Studie der Linien der Hand ohne Bezug zu anderen Merkmalen der Handfläche. Jede der Linien und besonders die kleineren Einflusszeichen können sich in Zeiten eines ernsten emotionalen Ereignisses sehr leicht verändern.

Wenn sich etwas ereignet, das unser Gefühlsleben berührt, hinterlässt dies nicht nur in der Psyche, sondern auch in den Händen einen Eindruck. Kleinere Zeichen kommen und gehen, je nachdem ob Herz oder Geist eine Angelegenheit wegen ihrer jetzigen oder späteren Bedeutung registrieren. Die Chiromantie ist die ursprüngliche oder wahre Handlesekunst.

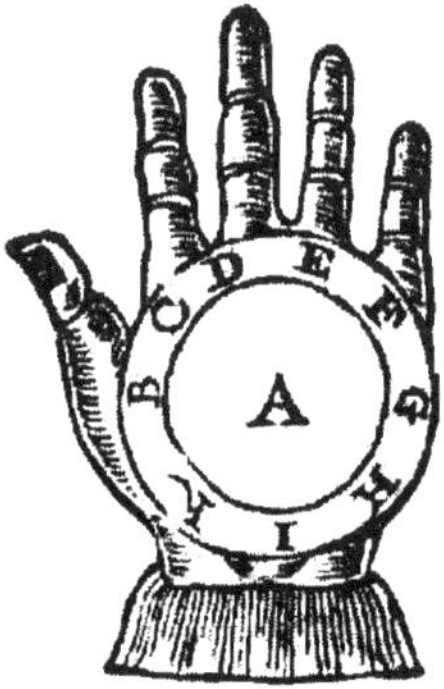

Die ursprüngliche Handlesekunst
Das Titelblatt von Physiognomie and Chiromancie, *einem der ersten gedruckten Bücher über das Handlesen.*

Chirognomie

Chirognomie bezeichnet die Studie der Handformen, die Mitte des 19. Jhds. entwickelt wurde. Dieser Teil der Disziplin beschäftigt sich mit der Dicke und der Form der Handfläche und der Finger, ihrer verhältnismäßigen Länge, Spitze, Gestalt und Flexibilität. Dazu kam die Studie der Fingernägel und des Gebrauchs der Hand in Gesten.

Dermatoglyphie

Dies ist der Bereich der Handlesekunst, der sich der Studie von Fingerabdrücken und Hautmustern der Handfläche widmet. Diese Zeichen können niemals verändert, aber z. B. durch einen Unfall zerstört werden. Alle Versuche, sie zu kriminellen Zwecken zu verändern, sind bisher fehlgeschlagen. Es gibt zwei grundsätzliche Handflächentypen: die offene oder grobe und die geschlossene oder feine.

Es gibt fünf grundsätzliche Hautmuster: Bogen, Zeltdach, Mischform, Schleife und Wirbel, die gelegentliche Variationen zeigen. Jede Form hat eine eigene Bedeutung, die durch das Erscheinungsbild und durch ihre Position genauer bestimmt wird.

Gesten

Erst seit kurzem studiert man im Rahmen einer Analyse der Hand auch Gesten. Man ist sich nicht sicher, wie viel die Handbewegungen einer Person während des Sprechens wirklich über ihre Persönlichkeit verraten.

Form

Zur Bestimmung der Handform betrachten Sie die Handfläche vom Handgelenk bis zur Wurzel der Finger.

HANDFORMEN

Es gibt zwei Grundformen: die rechteckige oder nützliche Form und die runde oder konische. Daneben gibt es fünf weitere Typen. Beide Hände müssen sorgfältig untersucht werden. Auf der linken Hand erkunden wir angeborene Persönlichkeits- und Charaktermerkmale. Die rechte Hand zeigt, wie stark diese Merkmale tatsächlich entwickelt sind. Dies gilt auch für Linkshänder.

Die rechteckige Hand

Diese Hand sieht eigentlich gerade aus, sowohl entlang der Handwurzel am Handgelenk als auch an der oberen Handfläche, wo die Finger sitzen. Aber manchmal fallen die Finger leicht ab. Der erste und der vierte Finger sitzen wesentlich tiefer als die beiden mittleren.

Die rechteckige oder nützliche Hand findet man überall. Personen mit dieser Handform sind konventionell, relativ gesetzt und haben großen Respekt vor Recht und Ordnung. Sie sind praktisch und pragmatisch, ordentlich, logisch, methodisch, haben Geduld, sind nüchtern, können aber auch entschlossen und stur sein.

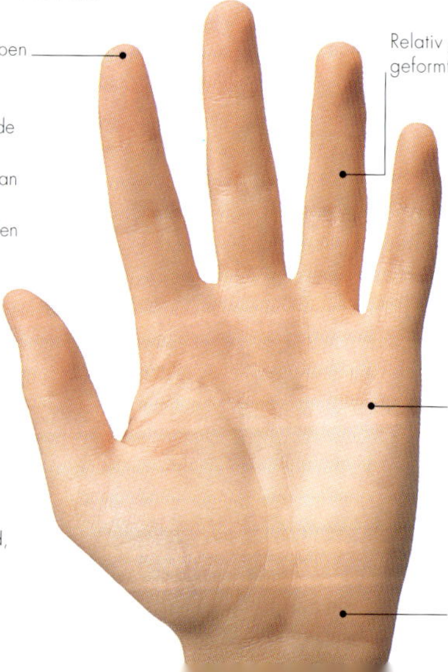

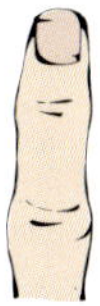

Philosophische Hand

Lange, knochige Finger mit rechteckiger Handfläche. Ihre Besitzer sind tiefsinnige Denker und fordern viel Verständnis.

Geistige Hand

Schmale, zarte Finger kennzeichnen diese extreme Form der konischen Hand. Sie ist gut gepflegt und hat eine langgezogene Handfläche.

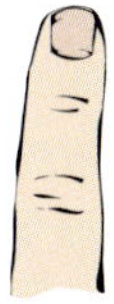

Mischform

Gemischte Handformen zeigen alle Arten von Fingern und Handflächen. Wenn Sie eine Hand nicht klassifizieren können, ist sie eine Mischform.

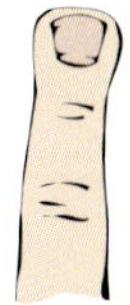

Spatelförmige Hand

Verbreiterte Fingerspitzen kennzeichnen diese Art der rechteckigen Hand. Die Handfläche zeigt oben oder unten eine Verbreiterung.

Einfache Hand

Kurze dicke Finger charakterisieren diesen Typ. Die gesamte Hand sieht kurz und plump aus und hat eine dicke und schwere Handfläche.

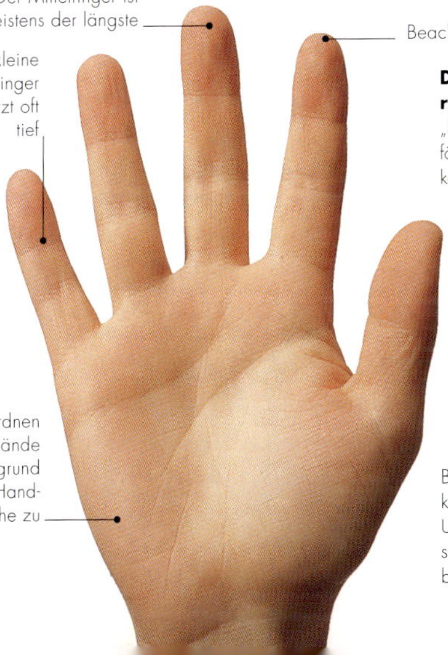

Die konische oder runde Hand

„Konisch" bedeutet rundkegelförmig. Wenn Hand und Finger konisch sind, zeigen die Fingerspitzen eine Verjüngung. Die Ränder der Hand erscheinen im Vergleich zur rechteckigen Hand zart. Der äußere Rand der Handfläche beschreibt eine Kurve. Diese Handform zeigt eine kreative und künstlerische Natur mit einer impulsiven und idealistischen Seite. Diese Menschen mögen Veränderung und sie beginnen bzw. beenden Beziehungen nicht aus Gefühllosigkeit, sondern weil sie Neues und Unbekanntes lieben. Sie langweilen sich schnell und probieren alles ein- bis zweimal aus.

Handgröße

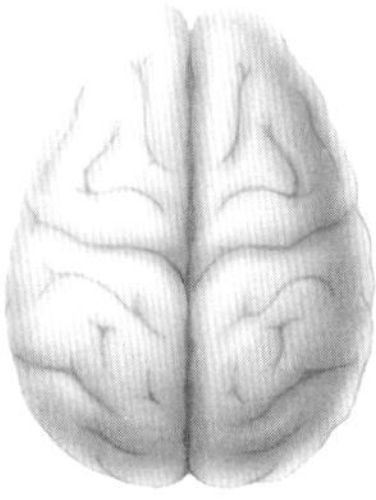

Gehirnhälften
Die Hand, die Sie hauptsächlich gebrauchen, wird durch die Gehirnhälften bestimmt.

Es ist wichtig, die Handgröße im Verhältnis zum Körper zu beurteilen. Auch in bestimmten Berufen kann eine Art dominieren. Menschen mit großen Händen arbeiten oft im Kunst-/Handwerk, während man Menschen mit kleinen Händen eher in praktischen und kreativen Bereichen wie Werbung und Marketing antrifft.

Die große Hand

Große Hände gehören oftmals denen, die man eher für oberflächlich als für tiefgründig hält. Denn Menschen mit großen Händen können ihr Talent bei sinnlosen Details vergeuden, statt sich dem Gesamtbild zu widmen. Die Hand deutet auf einen analytischen Geist hin.

Die kleine Hand

Menschen mit kleinen Händen nehmen das Gesamtbild schnell wahr, aber ihnen fehlt die notwendige Aufmerksamkeit für die Details, mit der man Probleme in ihre Bestandteile gliedert. Für sie gilt oftmals das Alles-oder-nichts-Prinzip. Schmale Hände mit langen Handflächen und kurzen Fingern können darauf hinweisen, dass das Detail nur scheinbar beachtet und bald vergessen wird. Die Erinnerung reicht oft nicht weit zurück, außer in Bezug auf Dinge, die der Person sehr wichtig sind.

Links- oder Rechtshänder?

Rechtshändigkeit ist direkt mit der Entwicklung des rationalen Verstandes verbunden, dessen Sitz die linke Gehirnhälfte ist. Diese ist für gewöhnlich dominant und steuert die rechte Seite des Körpers. Bei Linkshändern ist das Gegenteil der Fall, obwohl trotzdem die linke Seite dominant sein kann. Linkshänder müssen in einer größtenteils rechtshändigen Welt leben. Daher sind ihr Bewusstsein und ihre Wahrnehmung oft hoch entwickelt. Sie sind ungeduldig mit langatmigen Menschen, die sich beim Erklären viel Zeit lassen, denn Linkshänder können die Essenz jeder Sache meistens sehr schnell erfassen. Sie legen dann gerne sofort und ohne weitere Verzögerung mit ihrem Vorhaben los.

Aber unabhängig davon, ob sie Rechts- oder Linkshänder sind, benötigen Menschen mit großen Händen oftmals jedes noch so kleine Detail einer Sache, bevor sie mit der Arbeit beginnen. Diejenigen mit kleinen Händen können hingegen auch gut im Hintergrund arbeiten und sind nicht ständig auf der Suche nach Anerkennung für ihre Arbeit.

Die Elemente

Handformen können auch anhand der vier Elemente Erde, Luft, Wasser und Feuer bestimmt werden, siehe S. 22–29.

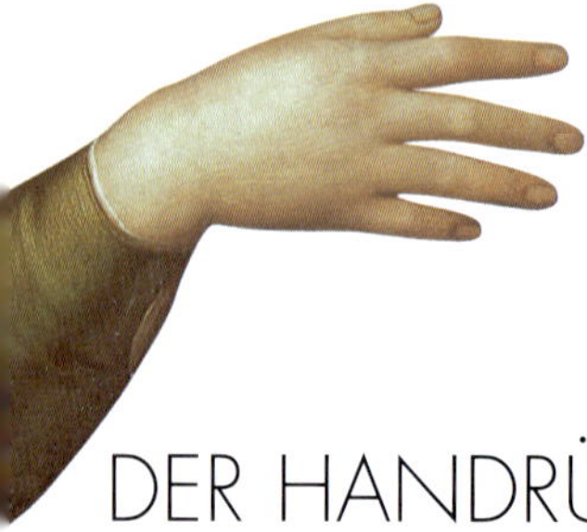

Lang oder kurz?
Lange Finger verweisen auf Einzelheiten, kurze Finger auf das Gesamtbild.

DER HANDRÜCKEN

Eine sorgfältige Untersuchung des Handrückens legt eine Fülle von Informationen frei – besonders im Urlaub. Menschen sind dann oft am entspanntesten und benutzen viele unbewusste Handbewegungen. Achten Sie darauf, wie sie ihren Stift halten oder ob und an welchen Fingern sie Ringe tragen. Sehen Sie nach, an welchem Handgelenk sie ihre Uhr oder anderen Schmuck tragen und ob es sich um Gold- oder Silberschmuck handelt.

Die rechteckige Hand
Diese Menschen kleiden sich konventionell – auch am Wochenende, wenn sich andere sportlicher oder lockerer anziehen.

Achten Sie auf die Farbe der Hände. Menschen mit roten rechteckigen Händen erfreuen sich einer guten Gesundheit und verbringen viel Zeit im Freien. Blaue Hände weisen auf Kreislaufprobleme hin, während eine gelbliche Färbung auf Leber- oder Nierenprobleme deutet.

Es ist eher ungewöhnlich, eine weiße rechteckige Hand zu finden, die auf soziale Teilnahmslosigkeit verweist. Diese Menschen treffen selten Freunde oder Bekannte. Für gewöhnlich sind sie durchaus freundlich, gehen aber keine intimeren Beziehungen ein.

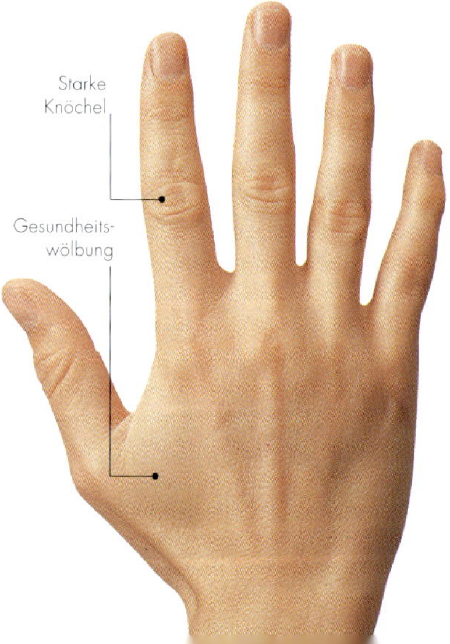

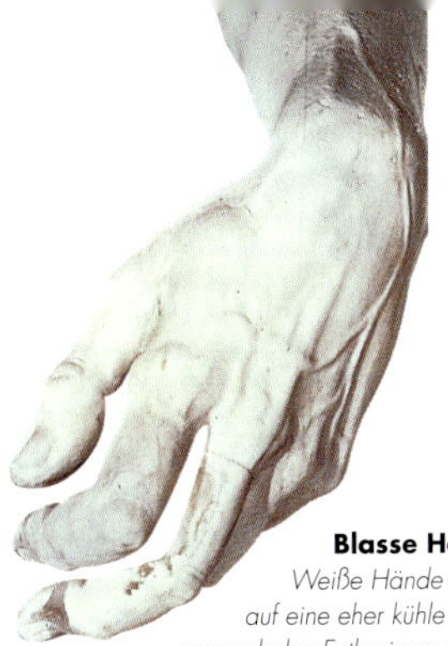

Blasse Hände

Weiße Hände weisen auf eine eher kühle Natur, mangelnden Enthusiasmus und auf ein fehlendes Sozialleben hin.

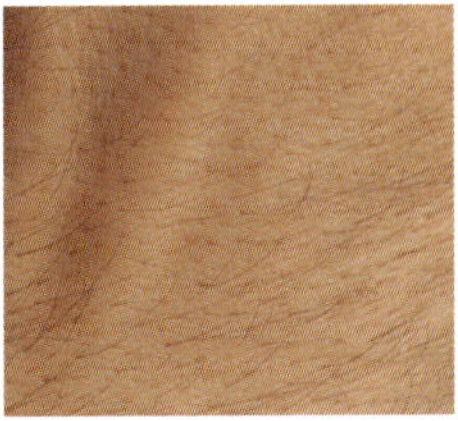

Feine Haare

Feine Haare deuten auf eine elegante Art und geringe physische Stärke hin, während grobes Haar auf körperliches Wohlergehen verweist.

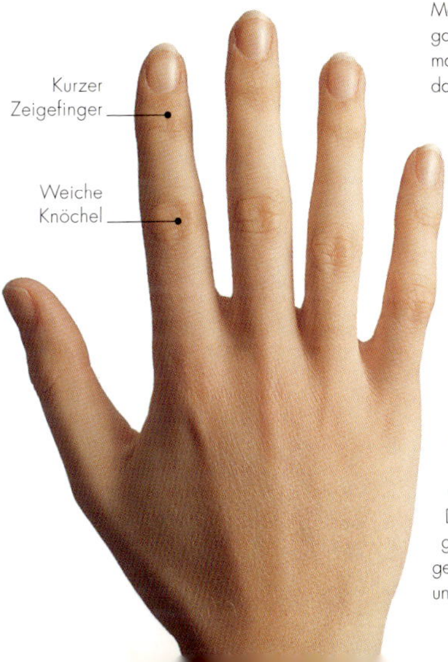

Die konische Hand

Menschen mit runden Händen kleiden sich ganz nach ihrem eigenen Belieben und machen sich nicht ständig Gedanken darüber, wie sie auf andere wirken. Sie kümmern sich eher um ihr eigenes Wohlbefinden und sind nicht übermäßig mit Konventionen beschäftigt. Konische Hände sind meist rosafarben. Das verweist auf einen individuellen Charakter – offen und voller Energie. Ohne sich zu verausgaben, genießen diese Menschen soziale Verpflichtungen auf jeder Ebene und sind emotional empfänglich. Weiße konische Hände können auf eine Anämie oder auf eine niedrige Körpertemperatur aufgrund von Müdigkeit hinweisen.

Menschen mit konischen Händen reden viel, wenn sie entspannt sind. Das, was sie sagen, hat oftmals keine große Bedeutung. Leeres Geplapper gehört zu ihrem Talent, andere zu unterhalten.

Der Handrücken

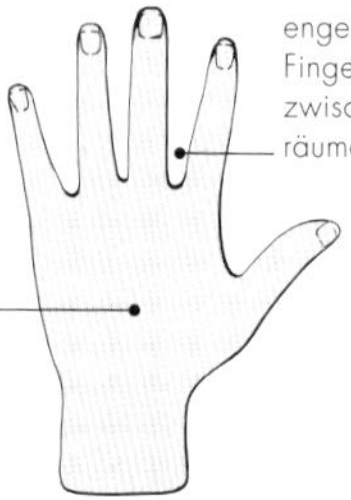

Die andere Seite

Der Handrücken gibt genauso viele Informationen preis wie die Handfläche.

Oft bietet sich die erste Gelegenheit zum Betrachten der Hände eines anderen, wenn man auf die Handrücken achtet. Es lohnt sich, denn aus dieser Übung kann man eine erstaunliche Fülle von Informationen gewinnen. Menschen mit kurzen Fingern und/oder kleinen Handen ziehen kurze, präzise Antworten langatmigen oder sehr detaillierten Erklärungen vor. Menschen mit großen Händen benötigen in Antworten weitaus mehr Einzelheiten, weil sie alle Möglichkeiten abwägen wollen, bevor sie handeln.

Länge und Oberfläche

Lange, schmale Hände verweisen auf Menschen, die alles durchdenken, bevor sie sich festlegen. Wenn die Finger an den Gelenken breiter sind, ist die Kapazität für Einzelheiten enorm.

Wenn der Handrücken breit ist, enthüllt sich eine Person, die keinen Unsinn mag. Solche Menschen sind materialistisch veranlagt und lieben das Leben im Freien. Wenn die Haut sonnengebräunt oder wettergegerbt aussieht oder die Oberfläche rau ist, verfolgen sie Aktivitäten im Freien. Es könnte sich auch um einen Handwerker handeln, besonders bei rechteckigen Händen.

Schmale, weiche oder blasse Hände mit weicher Oberfläche verweisen auf ein Leben innerhalb der eigenen vier Wände. Wenn sie bei heißem sonnigen Wetter leicht gebräunt sind, zeigt dies, dass der Besitzer seiner inneren Lethargie nachgegeben und in der Sonne gelegen hat.

Ein Streifen Haut zwischen dem Ende des Fingernagels und der Fingerspitze verweist auf ein hastiges und explosives

Temperament. Im Allgemeinen haben Menschen mit großen Nägeln eine ausgewogene und offene Einstellung zum Leben, während kleinere Nägel auf eine kritischere und engere Lebenseinstellung hinweisen.

Unterschiede

Offensichtliche Unterschiede zwischen den beiden Händen werden meist durch einen Unfall oder eine Krankheit verursacht. Andernfalls verweisen solche Unterschiede darauf, dass der Mensch früh im Leben für Gleichgewicht kämpfen musste, weil die Eltern sehr unterschiedliche Persönlichkeiten waren. Wenn die Hände mehr oder weniger gleich sind, hat die Person eine ausgewogene Natur. Solche Menschen verändern ihr Leben nur ungern. Sie präsentieren sich allen Menschen gleich.

Haare auf der Hand

Haare auf der Hand wurden immer als Zeichen einer guten Konstitution gewertet. Das ist aber nicht gleichbedeutend mit körperlicher Stärke.

Noble Kunst
Ein Edelmann weiht seine Dame in die Geheimnisse des Handlesens ein.

DIE VIER ELEMENTE

In den letzten 30 Jahren hat sich ein System zur Bewertung grundsätzlicher Handformen etabliert, das die Prinzipien der vier Elemente Feuer, Erde, Luft und Wasser verwendet. Nach dieser Methode lassen sich Hände leicht einordnen, weil nur vier Kategorien berücksichtigt werden müssen. Finger gelten als „lang", wenn der Mittelfinger lang oder etwas länger ist als die Handfläche. Finger sind „kurz", wenn der Mittelfinger kürzer als die Handfläche ist.

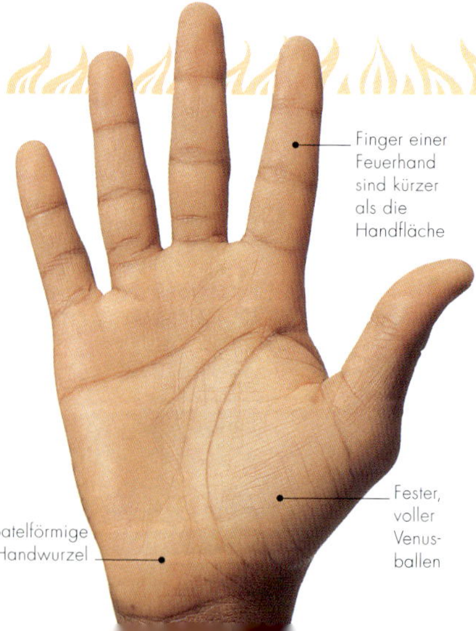

Die Feuerhand
Diese Menschen lösen Probleme bereits, während andere noch darüber nachdenken. Sie denken unorthodox und finden oftmals überraschende Lösungen innerhalb kurzer Zeit. Daraus folgt nicht, dass ihr Handeln immer richtig ist, aber sie tun zumindest etwas.

Diese Menschen arbeiten oft im Notfalldienst – bei der Rettung, der Feuerwehr oder der Polizei. Weil Feuer-Persönlichkeiten immer etwas zu tun haben müssen, um ihren aktiven Geist zu beschäftigen, haben sie oft sehr zeitintensive Hobbys.

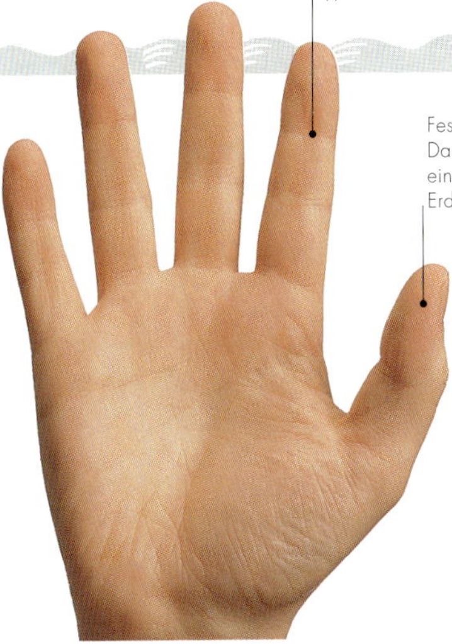

Die Erdhand

Bei Erd-Persönlichkeiten gibt es eine natürliche Prädisposition für Routine. Sie fühlen sich beim Militär wohl. Viele treten auch den Notfalldiensten bei, die sie aber irgendwann wieder verlassen. Polizei und Sicherheitsdienste ziehen sie an. Sie haben genug Geduld für genaues Arbeiten und viele sind auch gute Ausbilder. Eine ihrer größten Schwächen ist die Unbeherrschtheit. Manche Erdtypen können dadurch leicht Fehler machen. Sie werden aber nicht gern dafür zur Rechenschaft gezogen.

Feuer- und Erdhand

Die Feuerhand

Diese Hand hat eine rechteckige Handfläche mit Fingern, die kürzer sind als die Handfläche. Oft erscheinen die Finger an den Spitzen etwas breiter. Diese Form deutet auf eine extrovertierte Natur hin. Diese Menschen sind intelligent, haben natürliche Führungsqualitäten und nehmen eine Sache in die Hand, wenn andere scheitern. Weil sie geistig rege sind, blühen sie auf, wenn sie organisieren und Angelegenheiten erledigen können. Führung ist ihre zweite Natur. Sie inspirieren und motivieren andere mit ihrem natürlichen Eifer.

Auf der anderen Seite haben Feuerhänder eine faule Ader und viele von ihnen zeigen selbstzerstörerische Tendenzen. Sie können ihre natürlichen Ressourcen nicht immer vernünftig verwalten und viele verausgaben sich vorzeitig. Sie brauchen einen fähigen Helfer, der Routinearbeit erledigen kann und darauf achtet, dass nichts schief geht. Feuerhänder sind gut für Berufe geeignet, die sie immer in Bewegung halten oder die voller Wandel und Veränderungen sind. Das Verkaufen ist beispielsweise ideal für sie, besonders wenn es eine Demonstration des Produkts einschließt.

Tendenz zum Extremen
Jeder Sport, der Geist und Körper beansprucht, zieht Feuerhänder an.

Sport und die Unterhaltungsbranche ziehen sie an, weil diese Bereiche die natürliche Umgebung für solche Exhibitionisten darstellen, aber sie laufen auch hier Gefahr, sich vorzeitig zu verausgaben. Weil sie Vielfältigkeit und Veränderung schätzen, könnten sie sich auch in der Politik wohl fühlen.

Die Erdhand

Menschen mit einer quadratischen Handfläche und etwas kürzeren Fingern sind bodenständig, verlässlich und konventionell. Sie sind bestens dazu geeignet, für Recht und Ordnung zu sorgen und stehen für Unsinn nicht zur Verfügung. Selbstdisziplin ist unabdingbar, denn sie müssen jederzeit Autorität und Ruhe ausstrahlen. Sie würden niemals die Regeln brechen oder beugen, um ein Ziel zu erreichen. Sie sind ordentlich und sauber. Erdhänder sind gut für Aktivitäten im Freien, wie Gartenarbeit, Land- oder Bauwirtschaft, geeignet und können mit Tieren umgehen.

Wenn die Handkante eine Kurve oder einen Wulst aufweist, deutet das auf starke kreative Fähigkeiten und Lernpotenzial hin. Diese Menschen verfügen normalerweise über großes handwerkliches Geschick.

Kurzschlusshandlungen

Erdhänder lassen andere gern klein ausehen, indem sie ihnen die Vorschriften vorhalten – übertreten Sie bei einem Erdhänder besser keine.

Kreativer Geist
Lange, dünne Finger und knochige Handflächen sind charakteristisch für kreative Lufthände.

LUFT- & WASSERHAND

Diese Menschen stehen nicht immer – wie Feuer- und Erdtypen – mit beiden Beinen auf dem Boden. Lufttypen schweben oftmals über den Wolken und durchdenken Dinge, während Wassertypen leicht von ihrer starken Einbildungskraft gefangen genommen werden. Die geistige Kreativität der Luft- und Wassertypen lässt sie oft beim geringsten Anlass abschweifen.

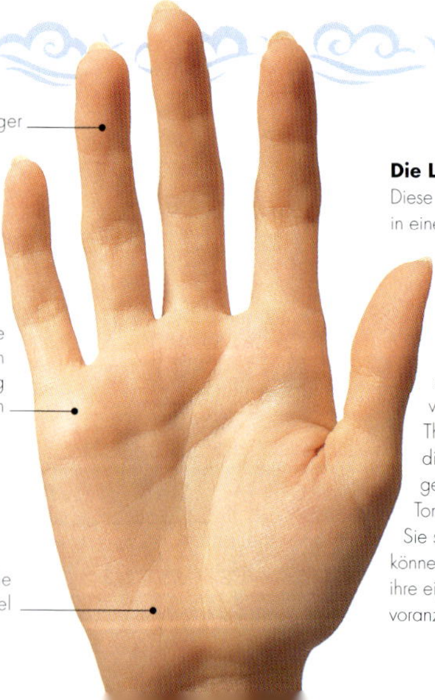

Die Lufthand
Diese Menschen befinden sich gern in einem immerwährenden Stadium intellektueller Stimulation. Ihre Laune kann sich schnell ändern. Begleiter sind ihnen wichtig, denn sie haben gern gute Freunde, die ihnen ähnlich sind. Kommunikation ist ebenfalls wichtig, aber sie muss dem Thema angemessen sein. Wenn die Stimmung locker ist, spielen sie gern den Spaßvogel. Wenn der Ton ernster ist, passen sie sich an. Sie stoßen oftmals Ideen an und können andere davon überzeugen, ihre eigenen Lieblingsprojekte voranzutreiben.

Kompatibilität

Feuer,- Erd-, Luft- und Wassertypen sind nicht immer so kompatibel wie hier.

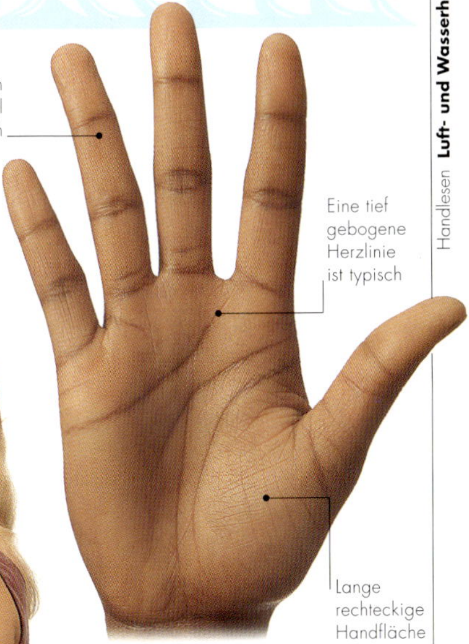

Die Wasserhand

Wasserhänder sind gut für Pflegeberufe geeignet, weil sie denen gern zuhören, die sich als Teil ihrer Therapie ausdrücken müssen oder einfach ein offenes Ohr sowie ständige Pflege brauchen.

Sie fühlen sich in der Kosmetik- und Modeindustrie oder in der darstellenden Kunst, durch die sie sich emotional ausdrücken können, zu Hause. Einige sind gute Schriftsteller, die sich am liebsten romantische Geschichten ausdenken, wenn sie sich nicht an enge Termine halten müssen.

Luft- und Wasserhand

Kommunikative Fähigkeiten
Eine typische Beschäftigung für einen Lufttypen wäre Telefonist oder Empfangsdame.

Die Lufthand

Die typische Lufthand ist biegsam und geschmeidig und hat eine quadratische Handfläche mit Fingern, die länger sind als die Handfläche. Als ausgeglichene und verlässliche Typen sind Lufthänder sehr kreativ und erschaffen in allem, was sie anpacken, Vielfältigkeit. Sie müssen immer beschäftigt werden, dann sind sie am besten.

Lufttypen sind sozial kompetent und gedeihen in Gesellschaft. Obwohl sie beliebt sind, können sie in emotionalen Beziehungen eher zurückhaltend wirken – so als ob sie Angst davor hätten, sich fallen zu lassen. Sie finden es oftmals schwierig, sich emotional auszudrücken, und sie sind wenig impulsiv.

Während sie woanders aus ihren Erfahrungen lernen, scheinen sie nicht in der Lage zu sein, mit Problemen in Paarbeziehungen umzugehen. Daher ist ihr Privatleben sehr veränderlich. Sie verbringen viel Zeit mit der Kontrolle ihrer Reaktionen und gehen Probleme mit einem Übermaß an Logik an.

Lufthänder gedeihen im kommunikativen Bereich. Sie haben ein Gefühl für Sprachen und ein natürliches Verständnis für moderne Technologie wie Computer und Internet. Im Kommunikationsbereich spielen Lufttypen gern.

Die Unterhaltungsbranche ist voll von Lufttypen, weil sie einen lebendigen Geist haben und nicht aus der Ruhe zu bringen sind. Viele Schauspieler mit Lufteigenschaften sehnen sich nach der Arbeit hinter der Kamera, werden gute Regisseure und lernen zu produzieren, weil sie mit Leichtigkeit Nachteile in Vorteile verwandeln können. Sie wissen auch, wie man am besten Geld verdient und behält.

Die Wasserhand

Lange, rechteckige Handflächen mit langen, grazilen Fingern sind typisch für die warme, emotionale Wasserhand. Tatsächlich sind Wassertypen emotionaler, als ihnen gut tut. Ihre Laune kann sich schnell ändern, sodass ihre Handlungen nicht leicht vorhersehbar sind. Die Umstände müssen stimmen, wenn Sie das Beste aus Wassertypen herausholen wollen. Sie sind veränderlich, beeindruckbar und unzuverlässig, weil sie mit dem Herzen statt mit dem Verstand denken. Sie müssen lernen, mit beiden Beinen auf dem Boden zu stehen. Wenn eine Romanze beginnt, begeben sie sich in eine Fantasiewelt. Sie verlieben sich eher in ihre Vorstellung von Liebe als in die Person selbst.

Sensible Typen

Wasserhände sind sensibel und gehören verletzlichen Personen, die dem Druck der modernen Welt nicht immer gewachsen sind.

FINGER

Die Form und Entwicklung der Finger spiegelt die instinktive Seite von Persönlichkeit und Charakter, wohingegen die Handfläche die praktische Seite repräsentiert. Finger müssen von allen Seiten untersucht und mit denen der anderen Hand verglichen werden. Es ist wichtig, sie nicht nur in Bezug auf andere Finger, sondern auch auf andere Teile der Hand zu beurteilen. Die Fingerspitzen werden später behandelt.

Jupiter

Jupiter wird mit Wissen und Lernen in Verbindung gebracht und dem Zeigefinger zugeordnet.

Saturn

Saturn wird mit Gleichgewicht, Beschränkung und Vorsicht assoziiert und dem Mittelfinger zugeordnet.

Apollo

Apollo steht für Kreativität und Lebensfreude und wird dem Ringfinger zugeordnet.

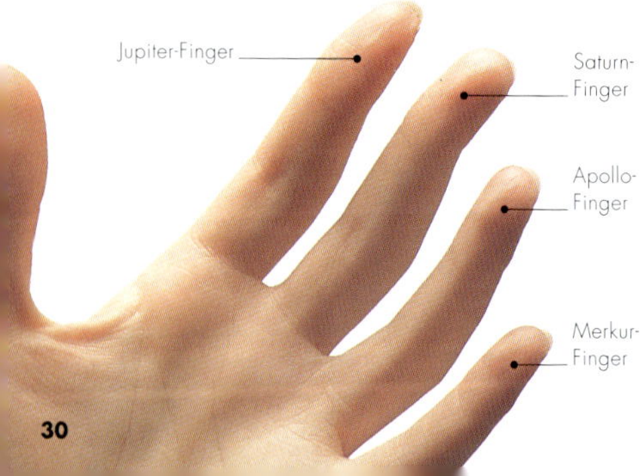

Merkur

Merkur, der Bote der Götter, wird dem kleinen Finger zugeordnet, weil dieser in Gesten Bände spricht.

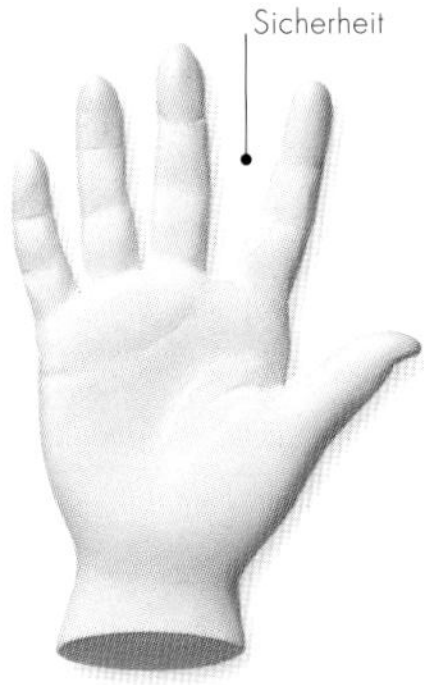

Zeige- und Mittelfinger

Ein großer Abstand zwischen Zeige- und Mittelfinger deutet auf Selbstsicherheit und Unabhängigkeit hin. Dies ist eine Führungspersönlichkeit.

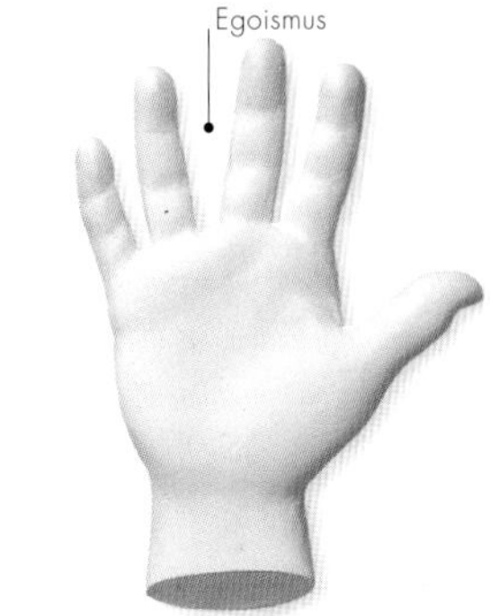

Mittel- und Ringfinger

Ein Abstand zwischen Mittel- und Ringfinger verweist auf eine einfallsreiche und egoistische Natur, die bei Entscheidungen nicht immer an andere denkt.

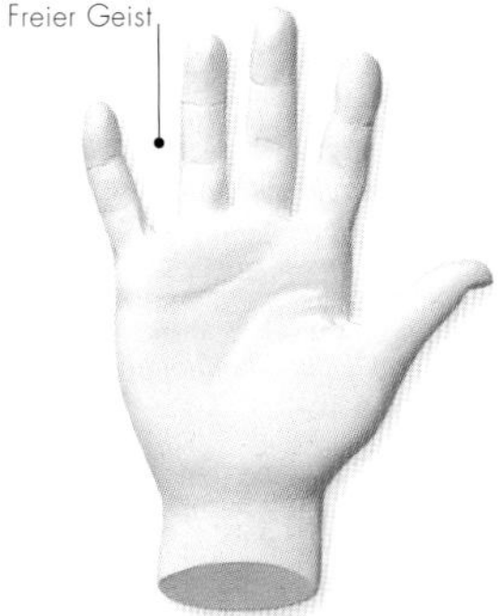

Ringfinger und kleiner Finger

Ein Zwischenraum zwischen Ring- und kleinem Finger weist auf einen einsamen Wolf hin, der seine Freiheit schätzt. Dieser Typ verschwendet nicht gern Energie oder Zeit.

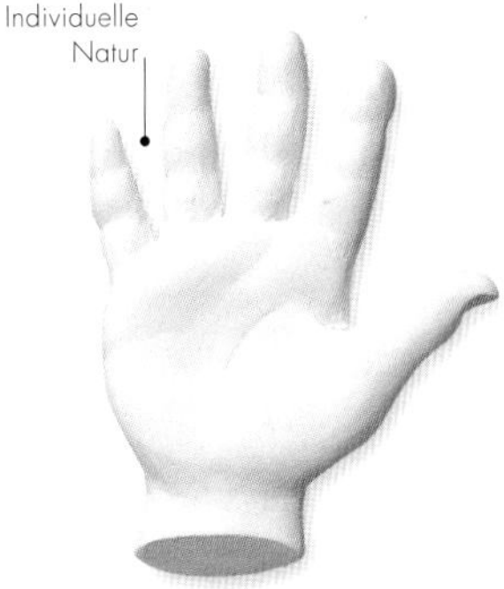

Alle Finger

Weite Abstände zwischen allen Fingern verweisen auf eine extrovertierte Art. Solche Menschen preisen ihre Individualität und geistige Freiheit.

Länge und Erscheinung

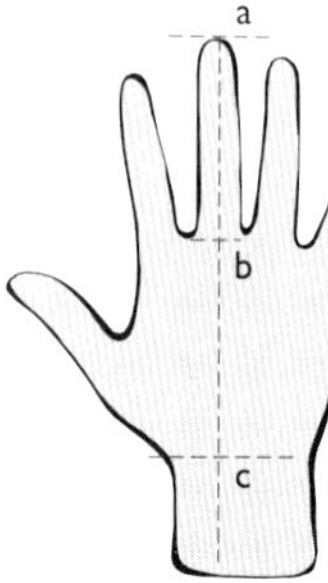

Fingerlänge
Vergleichen Sie die Länge von Mittelfinger und Handfläche.

Um festzustellen, ob Finger lang oder kurz sind, messen Sie den Mittelfinger von der Spitze (a) bis zu der Falte, an der er auf den oberen Teil der Handfläche trifft (b). Messen Sie dann von diesem Punkt bis zum Ende der Handfläche, wo das Hautmuster undeutlich wird (c).

Wenn der Mittelfinger kürzer als die Handfläche ist, werden alle Finger als kurz bezeichnet. Wenn er länger ist, sind die Finger lang. Es kommt nur selten vor, dass der Mittelfinger kürzer als die anderen ist. In diesem Fall messen Sie den längsten Finger.

Glatte Finger

Wenn die Finger glatt erscheinen – also ohne Ausbuchtungen oder Knoten an den Gelenken – ist der Besitzer scharfsichtig, vielseitig und intuitiv. Wenn die Finger kurz sind, ist er impulsiv. Menschen mit langen, glatten Fingern blühen bei komplizierten und genauen Arbeiten auf und hören rechtzeitig auf, Dinge immer wieder zu überprüfen.

Knotige Finger

Knoten oder Ausbuchtungen an den Fingergelenken geben über den inneren Informationsfluss Auskunft. Wenn sie an allen Gelenken vorkommen, handelt es sich um eine sehr kritische Person.

Knoten an den oberen Fingergelenken verweisen auf schwer zu befriedigende Menschen, die Dinge nicht einfach auf sich zukommen lassen. Betonte untere Fingergelenke verweisen auf pragmatische, methodische Typen.

Die Knöchel

Wenn alle Knöchel relativ gleichmäßig sind, sieht diese Person meistens sauber und ordentlich aus, egal was sie trägt. Sie könnte sich mit Diäten, Fitness und persönlicher Disziplin beschäftigen. Menschen mit ungleichmäßigen Knöcheln erscheinen ordentlich, aber das ist nur oberflächlich. Ihr Heim kann sauber und ordentlich aussehen, aber wenn Sie eine Schublade öffnen oder ein Kissen anheben, zeigt sich der eigentliche Charakter mit all seinen Schwachstellen. Man sollte Gelenk für Gelenk untersuchen. Nehmen Sie sich die Zeit, jeden Finger mit seinem Nachbarfinger zu vergleichen und Unterschiede festzustellen.

Vergleichen Sie dann jeden Finger mit dem entsprechenden Finger der anderen Hand. Man findet immer kleine Unterschiede. Diese verweisen auf die eher verborgenen Persönlichkeitsmerkmale, die nicht auf den ersten Blick zu erkennen sind.

Der Daumen

Für Informationen zur Bedeutung von Länge und Form des Daumens siehe S. 38–41.

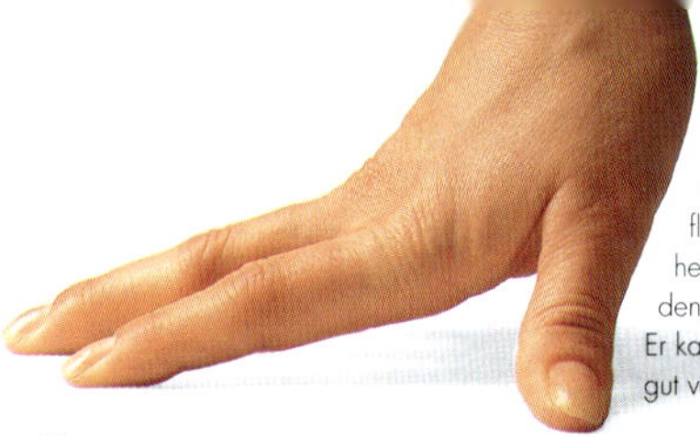

Flexibilität
Biegsame Finger verweisen auf einen flexiblen Geist, ein frohes Naturell, auf jemanden, der gefallen möchte. Er kann neue Informationen gut verarbeiten.

FLEXIBILITÄT UND NAGELTYPEN

Die Biegsamkeit der Hand spiegelt den Charakter einer Person wider: Eine biegsame Hand verweist auf einen flexiblen Geist, eine steife Hand dagegen auf eine sture oder unnachgiebige Natur. Die offene Hand deutet einen offenen Geist an, während eine geschlossene auf Kleinlichkeit und Kritik verweist. Die Betrachtung der Nägel ist ebenfalls wichtig, denn sie geben Ihnen Hinweise auf die Gesundheit und den Lebensstil einer Person.

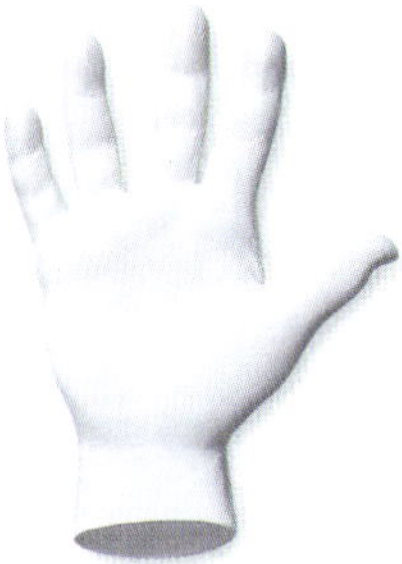

Enge Zwischenräume
Die Abstände zwischen den Fingern sind entweder groß oder klein. Wenn der Abstand zwischen Zeige- und Mittelfinger gering ist, richtet sich die Person nach anderen und hat geringes Selbstvertrauen. Dieser Typ ist eher ein Mitläufer als ein Anführer.

Ein geringer Abstand zwischen dem zweiten und dritten Finger verweist darauf, dass die Person immer an die unmittelbare oder entferntere Vergangenheit denkt.

Bei einem geringen Abstand zwischen drittem und vierten Finger ist die Abhängigkeit von anderen groß, denn solchen Menschen ist Sicherheit sehr wichtig. Wenn alle Abstände klein sind, ist die Person verschlossen, subjektiv und vom Denken anderer abhängig. Sie zeigt nur geringe Eigeninitiative.

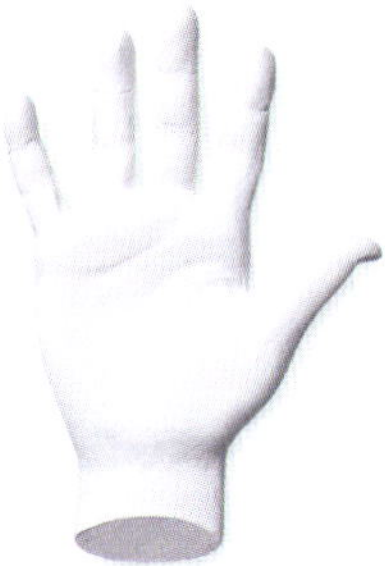

Unbeweglich
Steife oder unnachgiebige Finger begleiten eine steife und unnachgiebige Natur sowie etwas Egoismus. Dieser Typ tendiert dazu, eher konservativ und angepasst zu sein.

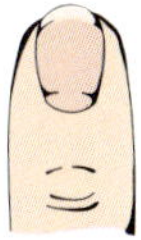

Mandelform

Dieser Typ weist auf einen stabilen, kultivierten Charakter hin. Menschen mit solchen Nägeln sind loyale, ehrliche und echte Freunde.

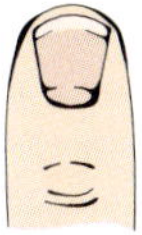

Muschelform

Dieser Nagel weist auf schlechte Gesundheit und Überempfindlichkeit sowie auf einen Erschöpfungszustand hin.

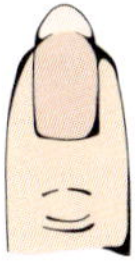

Krallenform

Dieser Typ verweist auf Mangelernährung, die zu einem allgemein schlechten Gesundheitszustand führt.

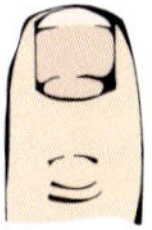

Quadratische Form

Der kurze quadratische Nagel verweist auf eine grundsätzlich kritische Natur. Der Person mangelt es an echter Wärme und tiefen Gefühlen.

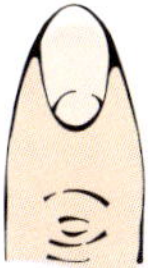

Gesunder Nagel

Fingernägel zeigen die Gesundheit und den Lebensstil einer Person. Untersuchen Sie Ihre Nägel regelmäßig auf Besonderheiten.

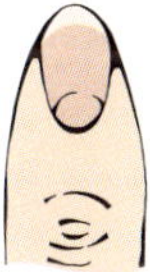

Rote Nägel

Nägel mit rötlichem Schimmer verweisen auf ein hitziges Temperament.

Nagelform

Man spricht von vier Grundformen, aber in der Praxis gibt es mehr als zehn Ausbildungen.

Fingeransatz

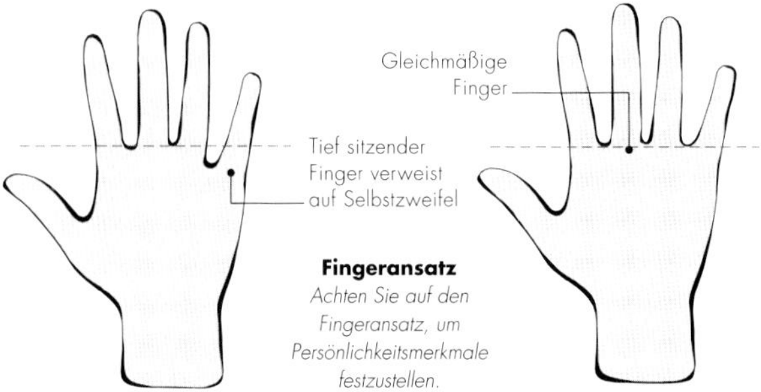

Fingeransatz
Achten Sie auf den Fingeransatz, um Persönlichkeitsmerkmale festzustellen.

Der Ansatz der Finger an der Handfläche sollte beachtet werden. Es gibt vier Grundtypen, die mit architektonischen Bögen verglichen werden können. Der am weitesten verbreitete Typ ist der normannische Bogen mit dem Mittelfinger als zentralem Punkt. Zeigefinger und kleiner Finger sitzen tiefer als die übrigen. Wenn sie sehr viel tiefer sitzen, formen sie einen rechtwinkligen Bogen.

Ein tief sitzender Zeigefinger verweist immer auf einen Mangel an Selbstvertrauen: Je tiefer er sitzt, desto weniger Antrieb ist in einer Persönlichkeit. Wenn der kleine Finger tief sitzt, verweist das auf einen mehr oder weniger starken Minderwertigkeitskomplex oder auf ein Element des Selbstzweifels.

Manchmal sitzen die Finger gleichmäßig auf der Handfläche wie bei einem Tudor-Bogen. Hier finden Sie eine relativ ausgewogene Persönlichkeit vor, die das Leben nimmt, wie es ist, und sich auf ihr eigenes Urteil verlässt.

Der letzte Typ zeigt eine abfallende Linie vom hoch sitzenden Zeigefinger zum niedrig sitzenden kleinen Finger. Diese Menschen haben ein übertriebenes Selbstwertgefühl. Sie bluffen sich durch das Leben, bis sie auffliegen.

Bei der Beurteilung der Fingerstellung sollten Sie immer das Gesamtbild der Hand im Auge behalten. Die große, offene Hand mit großen Abständen und gleichmäßig gesetzten Fingern verweist auf eine sichere Natur, die offen für vernünftige Ratschläge ist. Hohe Kooperationsbereitschaft deutet sich an.

Handgröße und Bögen

Eine große Hand mit einem normannischen Bogen zeigt eine gemäßigte Einstellung an – jemanden, der keinen Wirbel verursacht, außer er fühlt sich bedroht. Eine kleine Hand kann die gleiche Einstellung vertreten, aber manchmal schüchtern erscheinen. Der Besitzer einer großen Hand mit rechtwinkligem Bogen blufft vermutlich und nutzt seine Größe, um sicherer zu erscheinen als er ist. Die kleine Hand muss täuschen, um so zu wirken, als ob sie ihr Leben in der Hand hat. Der Tudor-Bogen-Typ ist immer selbstsicher. Wenn die Hand – ob klein oder groß – steif ist, könnte er auch starrköpfig sein.

Sensible Kissen

Auf der Innenseite des ersten Fingerglieds finden sich kleine fleischige Kissen, die auf einen guten Tastsinn und extreme Gefühle hinweisen.

DER DAUMEN

Der Daumen wurde immer als wichtigster Teil einer Handanalyse angesehen. Über die Jahrhunderte hinweg wurde er als die Signatur der Hand und als Schlüssel zur Charakterbeurteilung betrachtet. Kein Daumenpaar gleicht sich vollständig. Diese kleinen Unterschiede müssen beachtet werden, vor allem wenn die Hände sehr verschieden sind.

Daumen vergleichen

Wenn Sie links einen starken, aber rechts einen wesentlich schwächer aussehenden Daumen vorfinden, könnten Probleme mit der Eigeninitiative und dem Auslösen von Handlungen bestehen. Zwei starke Daumen verweisen auf einen schwierigen oder sturen Charakter. Zwei schwache Daumen deuten auf jemanden hin, der sich mit dem Wind dreht und wenig standhaft ist. Der Daumen lässt sich in drei Abschnitte gliedern: das erste oder Willensglied, das mittlere oder Vernunftsglied und der Venusberg oder Daumenballen. Dort sitzen die Gefühle. Er sollte immer voll und kräftig aussehen.

1 Das erste Glied misst die Willenskraft einer Person und zeigt Energieniveau und Entschiedenheit an.

2 Das mittlere Glied zeigt, wie eine Person die Dinge durchdenkt, bevor sie sich für eine Handlungsmöglichkeit entscheidet.

3 Der Daumenballen – der Venusberg – sollte gut entwickelt und fest sein. Dieses Fingerglied steht für die Emotionen und für damit verbundene körperliche Energie. Je besser er entwickelt ist, desto mehr Energie hat die Person zur Reaktion auf Herausforderungen.

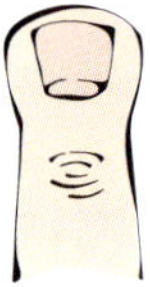

Spateldaumen

Spatelförmige Daumenspitzen sind ein sicheres Zeichen für einen praktischen Typ, der gern Sachen erledigt, vielleicht ein Handwerker. Aber er gibt der Anziehungskraft des Moments zu schnell nach und lässt Dinge oft wieder fallen, wenn sich ihm etwas Neues anbietet.

Ein schmal zulaufender Daumen wird oben dünner. Das sieht man am besten von der Seite. Er weist auf große Überredungskunst hin.

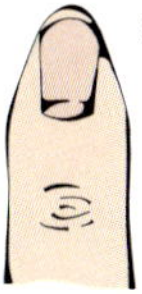

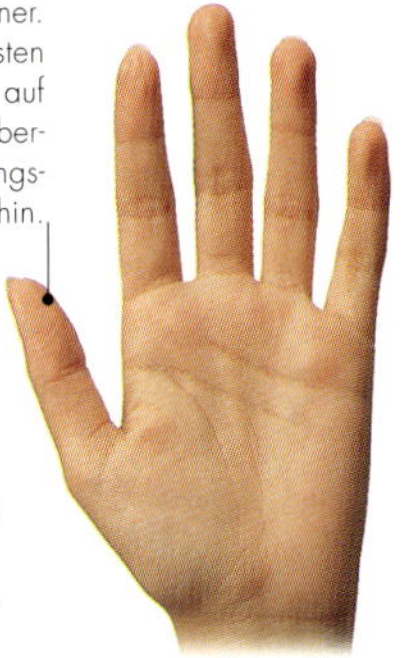

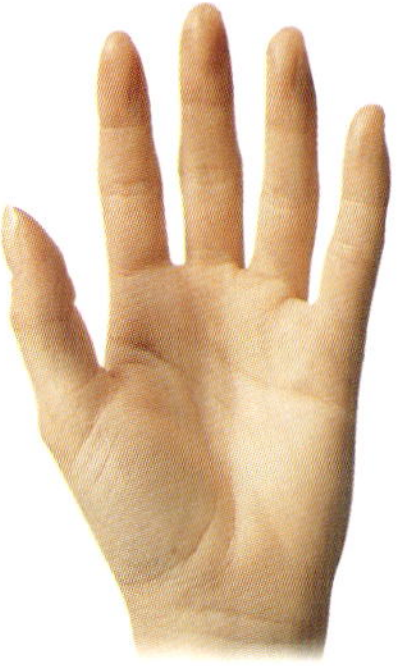

Spitzer Daumen

Ein spitzer Daumen verweist auf einen Idealisten, der weiß, wie er sich durchsetzt. Er ist Überredungskünstler, erkennt leicht die Schwächen anderer und nutzt sie zu seinem Vorteil aus. Wenn die Spitze weich ist, ist seine Art unterwürfiger.

Tief sitzender Daumen

Je tiefer der Daumen sitzt, desto inspirierender ist der Charakter. Wenn der Daumen abgespreizt ist: ein Abenteurer. Wenn er eng anliegt: eher konventionell.

Hoch sitzender Daumen

Ein hoch sitzender Daumen verweist auf eine gut ausgeprägte kreative und instinktive Ader.

Quadratische Daumenspitze

Eine quadratische Spitze weist auf einen Realisten hin, einen strengen Arbeitgeber, der allerdings mit gutem Beispiel vorangeht. Er ist hart, aber fair. Diese Menschen erscheinen manchmal gefühllos.

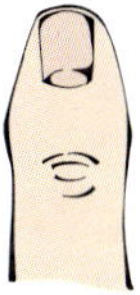

Konische Daumenspitze

Menschen mit einer konischen oder runden Daumenspitze reagieren zu sehr auf äußere Reize und lassen sich leicht ablenken. Sie haben eine schnelle Auffassungsgabe und sind sensibel, aber nicht immer so engagiert, wie sie erscheinen.

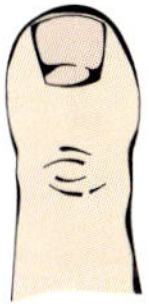

Knolliger Daumen

Dieser „Mörderdaumen" verweist auf einen stark körperlich geprägten Zugang zum Leben, gepaart mit großem Appetit. Hier ist jeder Widerstand zwecklos, denn diese Menschen haben meistens ein hitziges Temperament.

Länge und Winkel

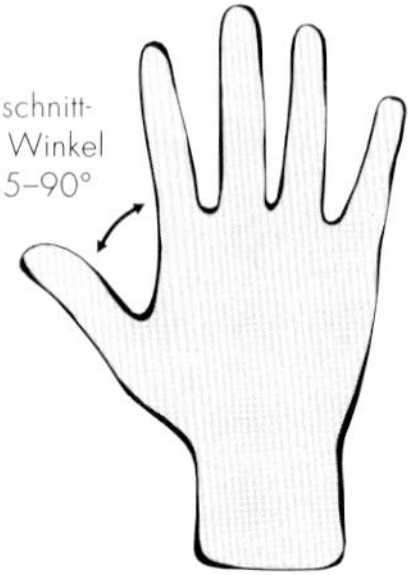

Winkel

Ein kleiner Winkel deutet auf Vorsicht hin, ein großer auf Großzügigkeit.

Die Länge des Daumens sollte in etwa der Länge des kleinen Fingers entsprechen. Oder er sollte – dicht an den Zeigefinger gehalten – mindestens bis zur Mitte des dritten Glieds dieses Fingers reichen. Im entspannten Zustand und bei natürlicher Haltung sollte der Winkel zwischen Daumen und Zeigefinger mindestens 45–90° betragen.

Je kleiner der Winkel, desto kleinlicher, voreingenommener und begrenzter die Natur. Ein Winkel von mehr als 90° verweist auf Entschiedenheit und Führungsqualität. Wenn der Daumen im Verhältnis zu den anderen Fingern so liegt, dass man fast den gesamten Nagel sehen kann, handelt es sich um einen spontanen, enthusiastischen Menschen. Wenn der Daumen den Fingern entgegen oder rechtwinklig zu ihnen steht, ist dies ein Zeichen von großer Selbstkontrolle. Diese Menschen lernt man nur schwer wirklich kennen.

Länge der Daumenglieder

Ein langer, aber gut proportionierter Daumen verweist auf große Selbstkontrolle und Führungsfähigkeit. Wenn der Daumen überlang ist, handelt es sich um eine starrköpfige und sehr entschlossene Person.

Je länger das erste Glied ist, desto entschlossener ist der Mensch. Ein sehr langes erstes Glied verweist auf eine tyrannische Natur, während ein kurzes erstes Glied auf mangelnde Führungsqualitäten schließen lässt. Ein kurzes mittleres Glied enthüllt schlechte rationale Wahrnehmung. Solche Menschen funktionieren am besten auf intuitiver

Ebene. Wenn es kurz und dünn ist, liegt dem Besitzer Routine. Je länger das mittlere Glied ist, desto mehr muss er überlegen, bevor er handelt. Ein kurzes, aber dickes Glied zeigt, dass es dem Besitzer an Takt und Diplomatie mangelt, während ein langes, dünnes einen logischen Geist anzeigt, der sich allerdings leicht im Detail verliert. Menschen mit einem taillierten Glied verfügen über Charme, Takt und Diplomatie.

Wenn der Daumenballen dominiert, ist der körperliche Aspekt stark ausgeprägt. Wenn er schwach erscheint, hat die Person wenig Schwung oder Enthusiasmus. Der Daumen sollte immer zur Hand passen. Er sollte nicht zu groß und schwerfällig oder zu schwach und kraftlos erscheinen. Der Daumen gilt als Schlüssel zum Charakter. Wenn er nicht zur Hand passt, müssen Sie dem bei der Deutung Rechnung tragen.

Biegsamkeit

Ein biegsamer Daumen verweist auf eine impulsive, leichte Art. Eine steife Spitze zeigt strenge Disziplin ohne Kompromissfähigkeit.

Francis Galton

Das Profil von Francis Galton, dem Vater des modernen Fingerabdruck-Systems.

FINGERABDRÜCKE

Alle menschlichen Handflächen, Finger und besonders die Fingerspitzen haben eine feine Oberfläche mit kleinen Rillen und Falten – die Kapillarlinien, die in bestimmten Mustern auftreten und die man heute vor allem zur eindeutigen Identifizierung von Personen benutzt. In der Handlesekunst werden sie mit Charakter und Persönlichkeit assoziiert. Auf den Fußsolen und Zehen findet man ähnliche Muster. Die Markierungen entstehen schon im Mutterleib und verändern sich nie.

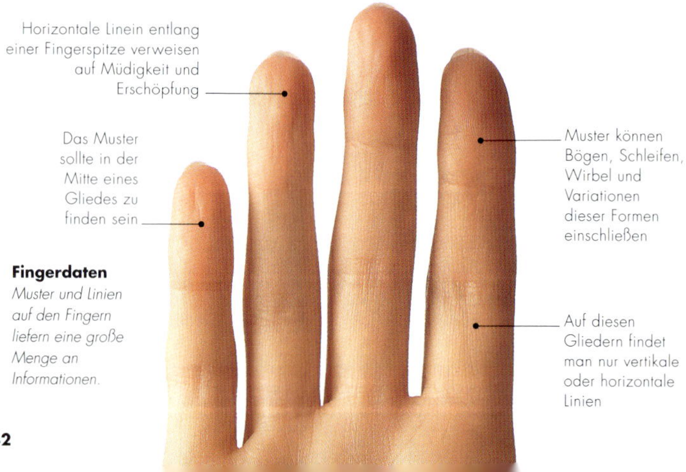

Fingerdaten

Muster und Linien auf den Fingern liefern eine große Menge an Informationen.

Die Schleife

Die Schleife verweist auf emotionale Beweglichkeit. Es handelt sich um eine flexible und kooperative Natur.

Der Wirbel

Der Wirbel deutet auf einen verschlossenen Charakter hin, der sich nicht leicht öffnet. Diese Menschen sind immer kühl.

Das Zeltdach

Diese Menschen werden als Idealisten geboren, die sich nach einer perfekten Welt sehnen und Kritik nicht mögen.

Der Bogen

Das Bogenmuster verweist auf einen Erdtypen. Diese Menschen sind nützlich, konventionell und ehrlich.

Die Mischform

Diese kann aus jeder Variation eines Bogens, eines Zeltdachs oder einer Schleife mit einem Wirbel bestehen.

Die Variation

Variationen erscheinen auf einem oder zwei Fingern. Man liest sie am besten als Mischformen.

Das große Bild

Benutzen Sie ein Vergrößerungsglas, um die Hautmuster auf der Hand zu untersuchen.

Fingerabdruckmuster

Denken Sie bitte daran, dass wir diese Muster im chirologischen Kontext und nicht im Rahmen einer strafrechtlichen Untersuchung behandeln, bei der die Klassifizierung wesentlich komplizierter ist. Beim Handlesen achten wir nur auf drei grundlegende Muster bei Fingerabdrücken: Bogen, Schleife und Wirbel.

Einzigartig
Jeder Fingerabdruck hat ein einzigartiges Muster.

Der Bogen

Das Bogenmuster sieht aus wie eine kleine, bucklige Brücke und verweist auf eine fähige und verlässliche Person, die auch unter Schwierigkeiten belastbar ist. Solche Menschen sind vertrauenswürdige Freunde und verlässliche Mitarbeiter.

Das Zeltdach

Dieses Muster sieht oft aus wie hoher Bogen, der sich über das ganze Fingerglied erstreckt. Das Zeltdach verweist auf Lebensfreude. Diese Menschen sind Idealisten oder Reformer und lieben Veränderung und Neuigkeiten. Sie sind Schmeichler und wissen, wie sie bekommen, was sie haben wollen.

Die Schleife

Es gibt zwei Arten von Schleifen: die ulnare und die radiale. Die ulnare Schleife wirft ein Lasso vom äußeren Rand der Handfläche, während die radiale an der Daumenseite der Hand beginnt. Die Schleife verweist immer auf Flexibilität und Anpassungsfähigkeit.

Menschen mit ulnarer Schleife handeln instinktiv und müssen wissen, wann sie beginnen sollen. Sie folgen eher als zu führen und geben leicht nach. Menschen mit radialer Schleife sind auch flexibel, zeigen aber mehr Rückgrat. Sie können Druck widerstehen, sind ehrgeiziger und führen auch, falls nötig.

Der Wirbel

Der Wirbel enthüllt fast immer eine unbewegliche Natur – Individualisten, die alles selbst erleben möchten. Ihr Charakter erscheint kalt und unnahbar, oder sie finden es schwer, sich anderen zu öffnen. Allerdings sind sie Notfallsituationen ideal gewachsen, denn sie können organisieren. Menschen mit einem Wirbel auf dem kleinen Finger lassen sich nicht leicht beeinflussen, denn sie sind zu vorsichtig. Klatsch ärgert sie. Sie sind starrköpfig, entschlossen und haben guten Geschmack.

Die Variationen

Der normale Wirbel besteht aus einer Reihe konzentrischer Kreise. Ein gemischter Wirbel besteht aus einer Schleife und einem Bogen im äußeren Kreis. Es gibt auch Mischformen mit einer Doppelschleife oder einem weiteren Wirbel. Gemischte Wirbel verweisen auf praktisches Geschick. Diese Menschen sehen beide Seiten einer Angelegenheit und ihnen fällt die Rolle des Advocatus Diaboli leicht.

Wirbel-Variationen

Interpretieren Sie Variationen wie normale Wirbel. Suchen Sie nach dem dominierenden Muster – dies bestimmt die Gesamtform.

HANDABDRÜCKE

Das Handlesen ist eine sehr alte Kunst zur Bestimmung von Charakter und Persönlichkeit, Talenten und Fähigkeiten, Anlagen, Gesundheit und Potenzialen. Man kann eine Deutung nur dann ernsthaft vornehmen, wenn man einen Handabdruck anfertigt. Wenn Sie den Abdruck ansehen, werden Sie zuerst über die vielen Details erstaunt sein, die er zeigt. Die wirkliche Hand zeigt diese Feinheiten nicht immer aufgrund von Lichtverhältnissen, schwachen Markierungen und der kurzen Zeit, die für die Untersuchung zur Verfügung steht. Der Handabdruck ermöglicht Ihnen genug Zeit für Untersuchung und Recherche.

Handabdruck herstellen

Sie brauchen ein kleines, rundes oder rechteckiges Stück Glas von etwa 30–35 cm, einen 10 cm breiten Farbroller, weißes DIN-A4-Papier, eine normale Teigrolle aus Holz mit 5–6 cm Durchmesser, einen Bleistift oder Kugelschreiber, ein Lineal, ein kleines Handtuch, ein Vergrößerungsglas, einen Zirkel und schwarze Tinte auf Wasserbasis, möglichst aus der Tube. Spezielle Tinte für Fingerabdrücke lässt sich nur schwer abwaschen. Tinte auf Wasserbasis lässt sich einfach mit kaltem Wasser entfernen. Danach können die Hände noch mit Wasser und Seife gereinigt werden.

1 *Geben Sie eine kleine Menge Tinte auf die Glasplatte und rollen Sie sie mit dem Farbroller sorgfältig aus, bis keine Klumpen mehr zu sehen sind.*

2 *Nehmen Sie mit dem Roller etwas Tinte auf und rollen Sie über die Handfläche und das Handgelenk. Legen Sie ein Blatt Papier über die Teigrolle.*

3 *Legen Sie das Handgelenk auf das untere Ende des Papiers und rollen Sie die Hand über die Teigrolle ab.*

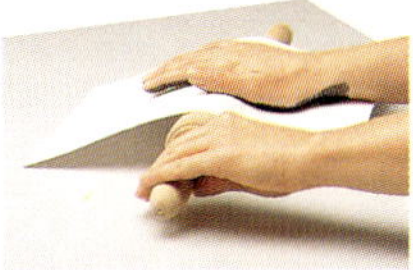

4 *Achten Sie auf gleichmäßigen Druck beim Abrollen, sodass Finger und Daumen klar abgedruckt werden.*

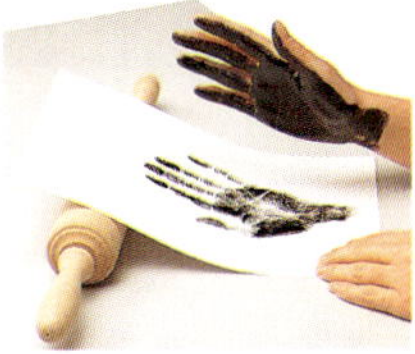

5 *Heben Sie die Hand vom Papier und nicht umgekehrt, um ein Verschmieren zu vermeiden. Der Abdruck trocknet schnell.*

Links & rechts

Verzeichnen Sie auf dem Abdruck, ob es sich um die linke oder rechte Hand handelt. Halten Sie auf der Rückseite wichtige Details fest. Sie sollten immer eine Beschreibung der Rückseite der Hand, Details über die Nägel, Beweglichkeit, Knoten und andere besondere Zeichen hinzufügen.

Für eine schnelle Lesung bestäuben Sie die Hände mit Talkumpuder – so wird ein ziemlich deutliches Relief sichtbar.

Den Handabdruck lesen

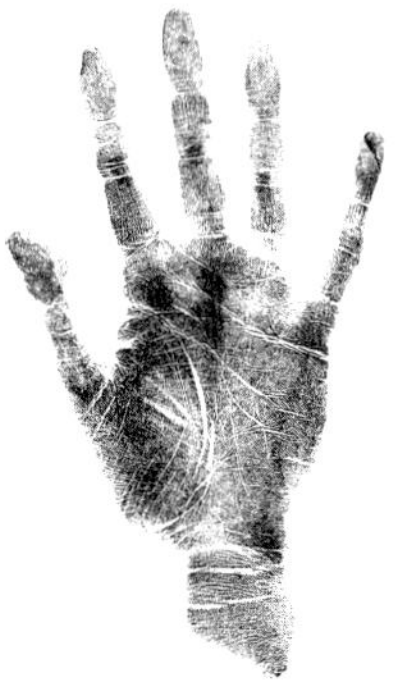

Ihr Leben in Ihrer Hand
Handabdrücke zeigen viel mehr als nur Linien.

Handlesungen dauern nicht immer lang oder können auf verschiedene Termine verteilt sein. Sie können sich nachher sicher nicht immer an alles erinnern. Daher machen Aufzeichnungen und Handabdrücke Sinn. Egal wie oft Sie sich einen Abdruck ansehen, Sie werden immer etwas Neues erkennen. Wenn Sie jemandem über lange Zeit hinweg die Hände lesen, zeigen die Handabdrücke sehr genau die Veränderungen.

Jeder Handabdruck ist ein Negativ der wirklichen Hand. Die weißen Linien sind also die Linien der Hand. Wenn sich der Daumen auf der rechten Seite befindet, handelt es sich um eine Kopie der linken Hand und umgekehrt.

Auf einem guten Handabdruck sollten Sie die Fingerabdrücke und die Kapillarlinien der Handflächen lesen können, am besten mit dem bloßen Auge. Sie können aber auch ein Vergrößerungsglas benutzen.

Veränderungen

Es kommt nur selten vor, dass sich die Form der Hand verändert. Man hat beobachtet, wie eine rechteckige Hand mit der Zeit weicher und runder wurde, und das Gegenteil ist auch schon vorgekommen, aber das ist sehr ungewöhnlich. Allerdings können sich alle Linien der Hand verändern, was von der Art des Vorfalls abhängt, den der Besitzer erlebt. Wenn ein Ereignis ernst genug ist, um einen Eindruck in der Psyche und Erinnerung zu hinterlassen, wird dies auch von der Hand notiert.

In diesem Fall sind Handabdrücke von großem Nutzen. Wenn ein Handleser treue Kunden hat, sollte er regelmäßig Handabdrücke anfertigen. Erst könnten nur kleine Veränderungen festgestellt werden, aber im Fall einer hässlichen Scheidung oder eines tragischen Todesfalls verändern sich die Hauptlinien der Hand. Allerdings kann etwas, das uns nebensächlich erscheint, große Wirkung auf einen anderen haben. Denken Sie immer daran, wie empfindlich Sie selbst sind. Dann verstehen Sie, wie sensibel andere Menschen auf bestimmte Dinge reagieren.

Wenn Sie junge Leute bei der Karriereplanung beraten, zeigt die Schicksalslinie die Erfolge und Misserfolge im Leben dieser Person. Die Linien zeigen ebenfalls starken oder schwachen Druck seitens der Eltern.

Daumenabdrücke

Daumenabdrücke sollten separat angefertigt werden, indem Sie das Papier an eine Tischkante legen. Legen Sie die Daumenspitze an und rollen Sie in nur eine Richtung ab.

Kreativ
Menschen mit einem Apex in der Mitte des Sonnenbergs sind praktisch veranlagt und haben eine kreative Ader.

MUSTER DER HANDFLÄCHE

Die Hügel auf der Handfläche sowie die Kapillarlinien und Rillen formen – ähnlich wie die Haut der Fingerspitzen – eine Vielzahl von Mustern, die bestimmte Facetten des Charakters oder der Persönlichkeit spiegeln. Jeder Berg unterhalb des Fingeransatzes hat einen fühlbaren zentralen Punkt – den Apex –, an dem die Rillen und Furchen des Hautmusters zusammenlaufen. Wir bestimmen anhand dieses zentralen Punkts Verhaltensmuster. Hügel können zwischen den Fingern zusammenlaufen und so einen besonders großen Berg formen. Der zentrale Punkt neigt sich in die eine oder andere Richtung.

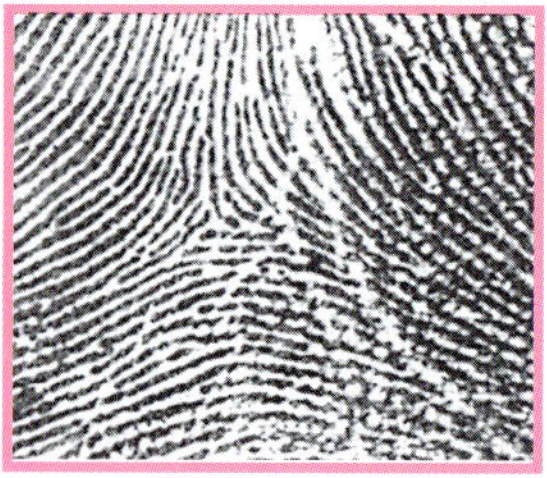

Den Apex bestimmen
Um den zentralen Punkt zu lokalisieren, verfolgen Sie die Rillen und Furchen bis zu dem Punkt, an dem sie in einem Dreieck zusammentreffen. Der Apex ist der Treffpunkt innerhalb des Hautmusters.

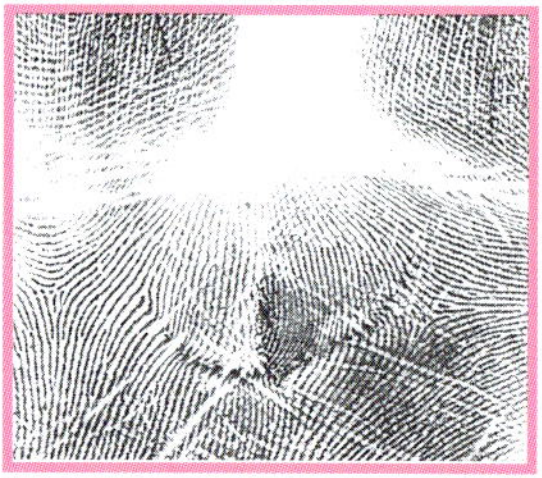

Die Spitze des Bergs
Wenn sich der Apex eher unter dem Zeige- als unter dem Mittelfinger befindet, lesen Sie ihn als Jupiter-/Saturnberg, wenn er eher unter dem Mittelfinger liegt, lesen Sie ihn als Saturn-/Jupiter Berg.

Offene & geschlossene Muster

Es gibt zwei Arten von Hautmustern: geschlossene oder weiche und offene oder grobe. Erstere verweisen auf eine sanfte und feine Natur. Diese Menschen sind überzeugend und haben eine schnelle Auffassung. Das offene Muster besteht aus den weiteren Rillen und Furchen von körperlich aktiven Menschen. Sie verweisen auf eine praktische Einstellung.

Apex auf dem Hügel

Jeder Fingerberg hat einen Apex in den Hautlinien, mit dem man das Zentrum des Bergs bestimmen kann.

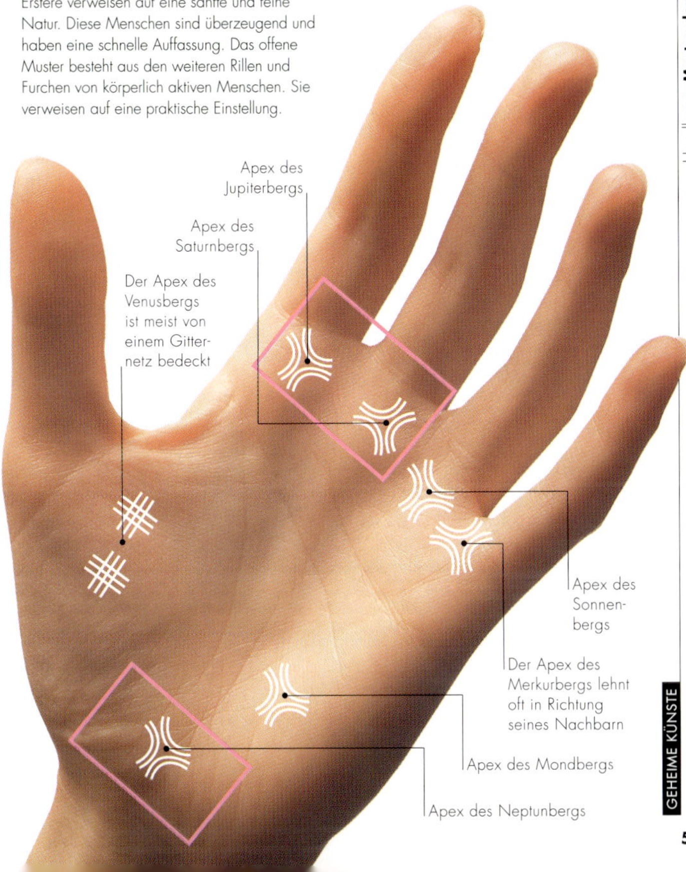

Die Apizes lesen

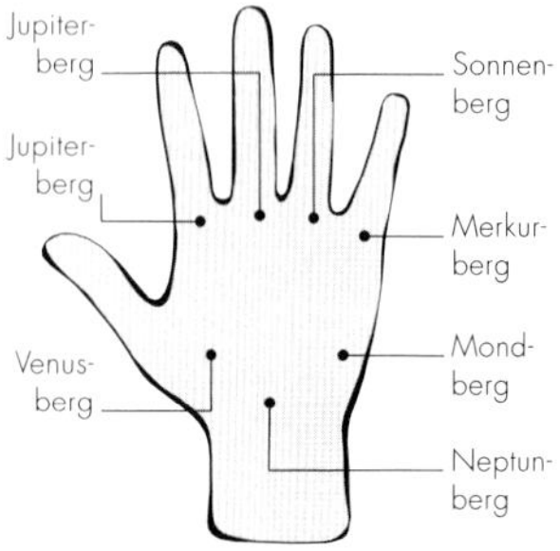

Die Berge

Die fleischigen Wölbungen unter den Fingern und auf der Handfläche heißen Berge.

Der Jupiterberg

Ein zentraler Apex verweist auf Integrität, Stolz und Verantwortung. Wenn er in Richtung Daumen lehnt, hasst die Person Bürokratie, wenn er in Richtung Mittelfinger zeigt, respektiert die Person Recht und Ordnung.

Der Saturnberg

Dieser Apex sitzt oft hoch und lehnt in Richtung Zeige- oder Ringfinger. Er verweist auf eine praktische Einstellung. Wenn er in Richtung Zeigefinger lehnt, könnte der Besitzer ein Sammler sein. Wenn er in Richtung Apolloberg zeigt, ist die Person geselliger.

Der Sonnenberg

Ein zentraler Apex zeigt eine praktische und künstlerische Natur an. Wenn er in Richtung Mittelfinger zeigt, vertraut die Person anderen schwer und ist evtl. schüchtern. Wenn er zum Merkurberg zeigt, hat sie Geschäftssinn. Manchmal bricht sie die Regeln und betrügt.

Der Merkurberg

Dieser Apex sitzt selten zentral und lehnt fast immer nach innen. Aber wenn er zentral unter dem kleinen Finger sitzt, hebt das die Beliebtheit der Person hervor. Wenn er unter dem vierten Finger sitzt, hat die Person kommunikatives Talent. Wenn er am Rand der Handfläche sitzt, ist dieses noch verstärkt.

Der Mondberg

Wenn es einen Apex gibt, verbindet er Mond- und Venusberg. Meist lehnt er zum Mondberg. Je tiefer er sitzt, desto bedeutungsloser ist er. Ein hoch sitzender Apex kann auf ein schwaches Herzkreislaufsystem verweisen. Wenn die Schicksalslinie durch den Apex verläuft, setzt die Karriere nicht richtig ein. Wenn die Sonnenlinie durchführt, könnten Hoffnungen und Wünsche nicht wahr werden.

Der Venusberg

Dieser Apex ist normalerweise von einem Gittermuster versteckt, aber manchmal erkennbar. Wenn er in der Mitte des Bergs liegt, verweist das auf eine gute Konstitution und Libido. Wenn er tief sitzt, sind einfache Instinkte bestimmend, während ein hoch sitzender Apex auf Prüderei verweist.

Der Neptunberg

Dieser Apex übt wenig eigenen Einfluss aus, aber wenn hier die Schicksalslinie beginnt oder die Lebenslinie endet bzw. durchführt, kann der Besitzer eine Veranlagung für Astrologie, Handlesen o. Ä. haben.

Die Berge

Für weitere Details zu allen Bergen und ihren Bedeutungen siehe S. 74–77.

Fingerringe
Ringe betonen die Bedeutung des Fingers, den sie zieren.

RINGE UND UHREN

Handlesen besteht nicht nur in der Betrachtung und Interpretation der Hand. Sie müssen das Gesamtbild sehen. Wenn eine Uhr getragen wird, achten Sie darauf, wie und an welchem Handgelenk. Das hilft bei der Gesamtinterpretation. Die Uhr wird normalerweise links getragen. Wird sie rechts getragen, ist der Besitzer sehr eigen oder linkshändig bzw. beidhändig. Wenn sie auf der Innenseite des Handgelenks getragen wird, kann es sich um einen Sportler oder Arbeiter handeln, der einfach nur seine Uhr schützt.

Uhren
Analoge Uhren verweisen auf eine traditionelle Einstellung, digitale auf eine moderne.

Ein Ring am Mittelfinger betont ein Gleichgewichtsgefühl

Professioneller Schmuck

Im 16. Jhd. trugen Händler einen Ring am Zeigefinger, der ihren beruflichen Status anzeigte.

GOLD SILBER

Gut und Böse

Tragen Sie Gold am Tag und Silber in der Nacht. Gold ist das Metall der Sonne und aller rechten Dinge. Silber ist das Metall der Hexen, der dunklen Kräfte und derer, die betrügen könnten.

Ein Ring hier verweist auf ein Bedürfnis nach Unabhängigkeit

Gleichberechtigung

Im 19. Jhd. bedeutete ein Ring am kleinen Finger einer Frau oft einen unabhängigen Geist und Unterstützung für die Frauenbewegung.

Die Bedeutung von Ringen

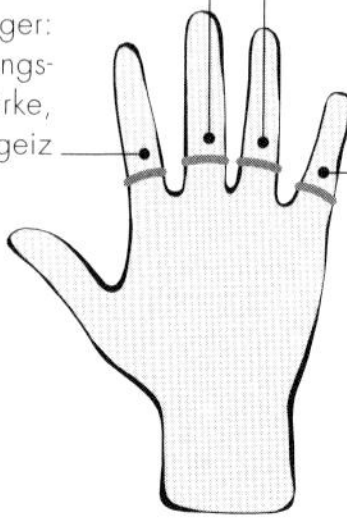

Welcher Finger?
An welchem Finger ein Ring getragen wird, hat Bedeutung für die Persönlichkeit.

Sehr oft zeigt ein Ring und wie und wo er getragen wird, dass sich der Besitzer einer Bedeutung gänzlich unbewusst ist. Allerdings wurden diese Zeichen aus dem 16. Jhd. an uns weitergegeben, als sie noch eine bestimmte Bedeutung hatten. Ein Arzt trug seinen Ring am Daumen, Händler und Geschäftsleute trugen ihn am Zeigefinger. Diejenigen, die einen Ring am MIttelfinger trugen, wurden für mäßig intelligent gehalten. Studenten trugen ihren Ring am Ringfinger. Liebende jeden Alters trugen ihn am kleinen Finger. Heute werden Eheringe in den USA am Ringfinger der linken Hand getragen, weil man glaubte, dass von dort ein besonderer Nerv oder eine Vene direkt zum Herzen führt. In Europa bevorzugen die meisten die rechte Hand. Ringe wurden nicht immer unten am Finger getragen; manche trug man auch am mittleren Fingerglied. Besondere Affektiertheit zeigte ein Ring am Nagelglied.

Ringe und Persönlichkeit

Traditionell glaubt man, dass Ringe die Qualitäten des Fingers verstärken oder betonen, an dem sie getragen werden. Am Zeigefinger bedeuten sie deshalb Führungsqualität.

Ein Ring am Mittelfinger verweist auf eine kalte Natur, auf Menschen, die aufgeweckt, sich aber ihrer emotionalen Verletzlichkeit nicht bewusst sind. Weil sie innerlich einsam sind, fällt es ihnen schwer, sich zu öffnen.

Die meisten Menschen tragen aus reiner Gewohnheit einen Ring am

Ringfinger. Angeblich bedeutet er eine gesellige Ader, aber er zeigt auch, dass diese Menschen nicht gerne lang allein sind. Der Ring zeigt natürlich traditionell an, ob man Single oder verheiratet ist.

Ein Ring am kleinen Finger kann verschiedene Bedeutungen haben. Freimaurer tragen ihn hier, oft mit einem Design, das auf den „Überraschungsring" des 17. Jhds. zurückgeht. Man konnte ihn aufklappen und ein Zauberzeichen o. Ä. enthüllen, das auf die Zugehörigkeit zu einem Geheimbund oder zu einer Sekte verwies.

Im 19. Jhd. zeigte ein Ring am kleinen Finger einer Frau Zugehörigkeit zur Frauenrechtsbewegung und einen unabhängigen Charakter an. Die Frauen trugen oftmals ihr Portrait deutlich sichtbar auf diesem Ring.

Daumenringe

Heute sieht man die Daumenringe wieder, aber sie sind sehr unbequem. Diese Mode zeigt, dass der Besitzer als „anders" angesehen werden möchte.

Göttliche Berührung
Eine Szene aus der Schöpfungsgeschichte an der Decke der Sixtinischen Kapelle in Rom.

GESTEN

Bei alltäglichen Begegnungen drücken wir einen Teil unseres wahren Wesens durch die Hände aus. Beim Sprechen helfen sie uns, bestimmte Punkte zu betonen. Wir lernen das auf natürliche Weise von klein auf, weil wir ständig Ältere nachahmen. Unter anderen Leuten hören wir zu, beobachten und nehmen Charakteristika wahr, die wir mit diesen Menschen verbinden. Aber meistens tun wir dies unbewusst und ohne nachzudenken. Was eine Geste auch bedeuten mag, Sie sollten daran denken, dass keine von ihnen allgemeingültig ist.

Zweideutig
Was in einem Land eine Sache bedeutet, kann in einem anderen Land etwas vollkommen anderes bedeuten.

Gib mir Fünf
Gesten betonen das gesprochene Wort. Die „High Five" ist in vielen Ländern ein Gruß oder ein Glückwunsch.

Handsignale

Extravagante Menschen machen weite und große Gesten mit der Hand – ein Zeichen von Selbstsicherheit. Werden die Hände nah am Körper gehalten, deutet das auf eine unsichere Persönlichkeit hin.

V-Zeichen

Sir Winston Churchill machte das „V" im 2. Weltkrieg als Siegeszeichen bekannt. Als Zeichen für Hass stammt das „V" eigentlich aus dem Mittelalter, als gefangenen Bogenschützen in England Zeige- und Mittelfinger abgeschnitten wurden. Diejenigen, die diesem Schicksal entkommen konnten, winkten mit diesen beiden Fingern als Zeichen ihres Hasses.

Gesten interpretieren

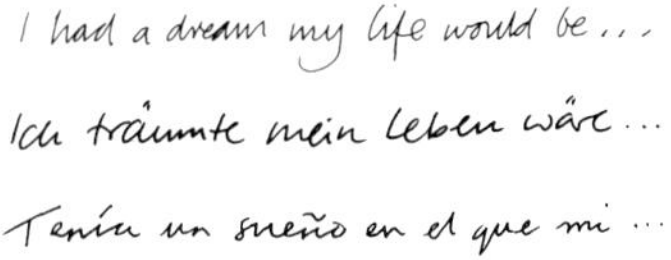

Handschriften
Die Handschrift kann den Handtyp widerspiegeln.

Die Handschrift ist ein stilles, aber dauerhaftes Zeugnis der Intelligenz und des emotionalen Zustands des Schreibers zur Zeit der Niederschrift. Tatsächlich ist die Handschrift so persönlich, dass sie nicht wirklich versteckt werden kann. Handleser sollten zur Bereicherung ihrer Analysen die Handschrift studieren.

Händedruck

Ein Händedruck vermittelt generell guten Willen, aber er kann sehr unterschiedlich sein. Manche Menschen geben überhaupt nicht die Hand und ziehen es vor, zu nicken oder zu lächeln. Dies ist ein Zeichen für eine verschlossene Persönlichkeit und bewusste Kontrolle. Jemand könnte auch die Handfläche nach unten halten – also in der dominanten Position –, weil es den anderen automatisch zwingt, seine Hand nach oben zu drehen und so eine Geste der Unterwerfung zu machen.

Ein sehr kräftiger Händedruck, bei dem Ihre Hand genommen, gequetscht und zurückgeworfen wird, verweist auf Unsicherheit hinter einer Maske.

Wenn die gebotene Hand so seltsam gehalten wird, dass Sie die gesamte Arbeit machen müssen, könnten Sie sich überlegen fühlen – genau das will aber die andere Person. Sie ist schlau und berechnend und lässt andere ein falsches Gefühl von Sicherheit empfinden.

Ein Mensch, der Ihre Hand fest drückt und Ihnen dabei in einer Geste falscher Intimität auf die Schulter klopft, wirkt abstoßend und unecht.

Stumme Signale

Der gehobene Zeigefinger ist eine bedeutungsvolle und eindeutige Geste. Die andere Hand zeigt, wie kontrolliert die Person ist. Wird sie offen gehalten, ist die Sache abgeschlossen. Wenn sie geschlossen ist, sollten Sie sich auf mögliche körperliche Aggression gefasst machen. Während der Zeigefinger anklagt, zeigen die übrigen, zur Faust geballten Finger auf die Person selbst, als ob sie ein Teil der Schuld trifft.

Menschen, welche die offenen Hände mit dem Handrücken in Ihre Richtung halten und schwören, dass sie unschuldig sind, sind es wahrscheinlich nicht. Wenn sie Ihnen die Handfläche zeigen, könnten sie die Wahrheit sagen.

Vor dem Oberkörper verschränkte Arme deuten auf Verteidigungsbereitschaft hin. Wenn die Hände die Arme halten, handelt es sich um verletzten Stolz; wenn sie nur auf den Armen ruhen, sind die Probleme einfacher zu lösen. Eine zum Hals gehobene Hand zeigt Unsicherheit und Kapitulation. Oft bedeutet ein etwas gesenkter Kopf, dass Sie gewonnen haben.

Offen oder geschlossen?

Gesten sollten offen sein. Wenn sie geschlossen sind, ist die Person nicht „offen“ mit Ihnen. Geschlossene Hände verweisen auf Täuschung.

CHIROMANTIE

Man kann die Hauptlinien – Lebenslinie, Kopflinie und Herzlinie sowie vielleicht einige andere – schon ab dem vierten Monat im Mutterleib sehen. Die anderen Linien zeigen sich wenig später. Anders als die Hautmuster, die sich niemals ändern, verändern sich diese Linien den Erfahrungen der jeweiligen Person entsprechend. Wenn Kinder heranwachsen, können Stärken und Schwächen ihres Charakters in den Linien der Hand reflektiert werden, falls sich besondere Ereignisse in der Psyche eingraben. In früheren Zeiten hat man nur die Linien interpretiert. Die Analyse der Handform und anderer Zeichen folgte erst viel später. Die Handfläche verweist auf die generelle Natur, während die Linien zeigen, wie diese zum Guten oder Schlechten verwirklicht wird. Denken Sie immer daran, beide Hände genau zu betrachten, denn jeder Unterschied zwischen ihnen kann die Gesamtbeurteilung entscheidend beeinflussen.

Handflächen und Linien

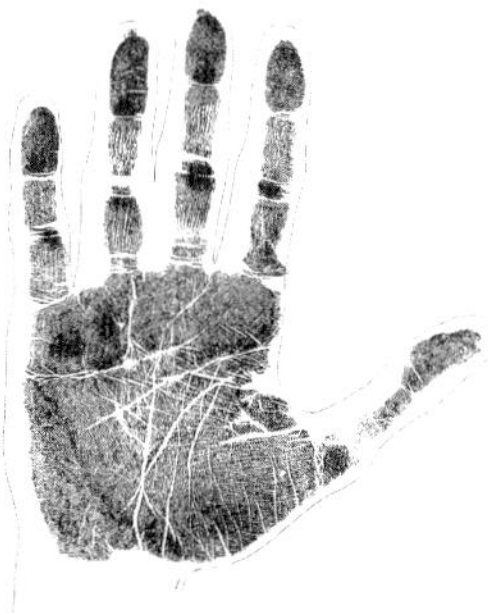

Linien

Die Linien der Hand enthüllen viele Aspekte über den Charakter.

Linien und Handfläche sollten sich gut ergänzen, sonst ist das innere Gleichgewicht der Person gestört.

Die rechteckige Hand verweist auf eine präzise, methodische und praktische Natur. Finden sich auf dieser Hand viele Linien, handelt es sich um einen sensiblen und künstlerischen Charakter, beeindruckbar und vielleicht mit etwas zu viel nervöser Energie. Es ist also besser, wenn sich auf dieser Hand nur wenige Linien befinden. Wenn sie voller Linien ist, kann die Person leicht verwirrt werden.

Auf der konischen Hand, die auf Sensibilität verweist, sollten wir viele Linien finden, weil es zur Natur der Person gehört, ständig auf Vielfältigkeit und Veränderung vorbereitet zu sein. Wenige Linien deuten auf einen selbstbewussten Typ mit einer guten Konstitution und Gleichgewicht zwischen nervöser Energie und physischer Aktivität hin.

Es leuchtet daher ein, dass die einfache Hand nur ein paar Hauptlinien hat, während die geistige Hand mit einem feinen Netzwerk von Linien überzogen ist. Die spatelförmige Hand hat viele Linien, um ständige Aktivität auszudrücken, während die philosophische Hand tief eingeschnittene Linien zeigt, die geistige Aktivität betonen.

Je unterschiedlicher ein Paar Hände ist, desto mehr Veränderungen hat der Besitzer erlebt. Wenn sich die Lebenslinien der Hände stark unterscheiden, könnten Familienangelegenheiten oder die nächste Umgebung – vielleicht früh im Leben – der Grund gewesen sein. Gesundheitsprobleme wären eine andere mögliche Erklärung. Wenn sich die Kopflinien unterscheiden, muss(te) der Besitzer viele Probleme überwinden, um an sein Ziel zu kommen. Bei unterschiedlichen Herzlinien sind emotionale Schwierigkeiten der Grund.

Schwache Punkte

Jede Beeinträchtigung im Verlauf einer Linie lenkt von ihrer Stärke ab. Ein Bruch verweist auf einen Mangel an Kontinuität, eine Insel ist eine Schwäche und kleine Punkte oder Balken deuten auf schwierige Zeiten. Manchmal könnten eine oder mehrere Hauptlinien fehlen oder fast ganz verschwinden. Diese Linie wird so zu einem Brennpunkt. Eine nicht vorhandene oder schwache Lebenslinie deutet auf mangelnden Antrieb oder eine schlechte Konstitution hin, während eine fehlende Herzlinie auf schwache emotionale Reaktion oder einen geschwächten Kreislauf hinweist.

Hände vergleichen

Denken Sie daran, immer beide Hände sorgfältig zu untersuchen, denn jeder Unterschied ist für die Gesamtinterpretation wichtig.

GRÖSSE UND FORM

Hände sind entweder groß oder klein, aber auch eine große Person kann im Verhältnis kleine Hände haben, selbst wenn diese natürlich wesentlich größer sind als die Hände einer kleinen Person. Normalerweise entspricht die Größe der Hände jedoch der Größe der Person. Große Hände gehen gut mit Details und Kleinigkeiten um. Kleine Hände haben wenig Zeit für so etwas. Sie interessiert nur das Ergebnis.

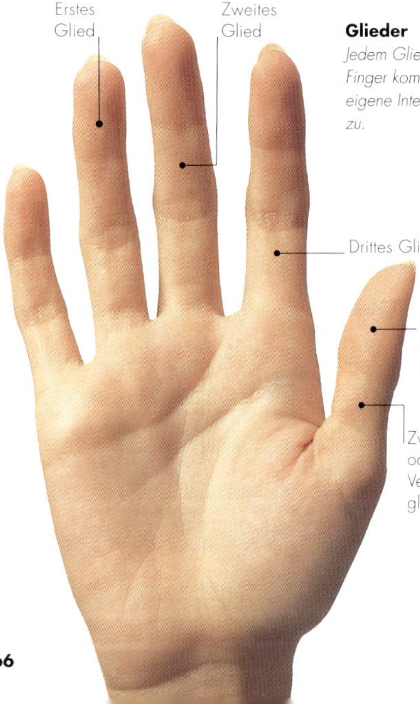

Glieder
Jedem Glied an jedem Finger kommt eine eigene Interpretation zu.

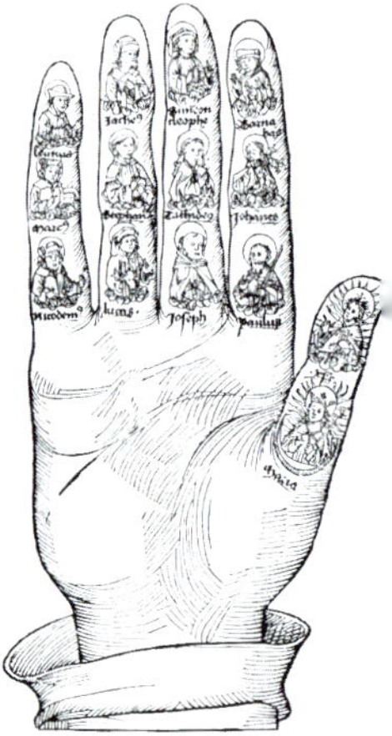

Heiligenhände
Ein mittelalterlicher Kupferstich zeigt verschiedene Heilige auf den Gliedern jedes Fingers.

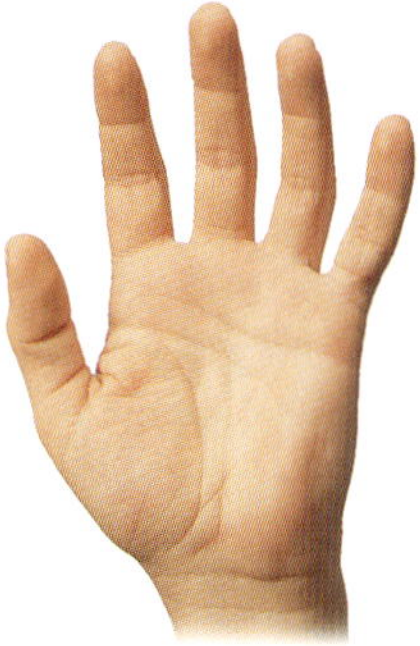

Impulsiv

Die lange Handfläche mit kurzen Fingern deutet auf eine Person hin, die impulsiv handelt. Je kleiner die Hand, desto impulsiver das Wesen.

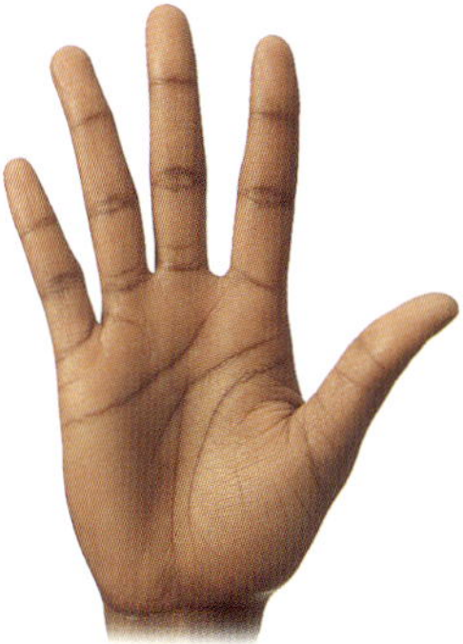

Gespür für Details

Eine lange Handfläche mit langen Fingern zeigt ein Gespür für Details, aber bei einer kurzen Handfläche könnte dies zur Detailbesessenheit werden.

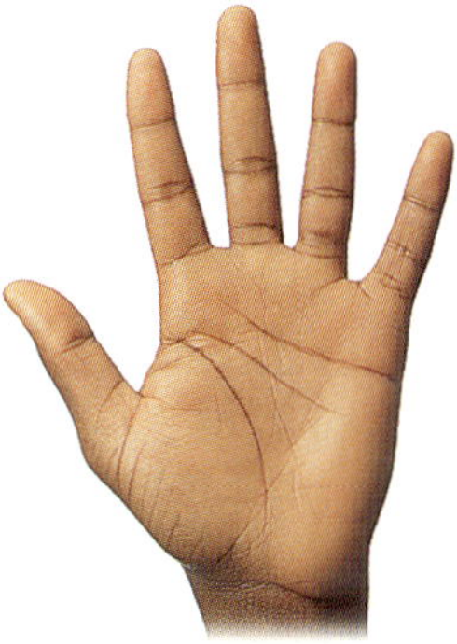

Kreativ

Diese lange Hand mit ihrem abgeflachten Daumen zeigt eine Anziehung zur Kunst.

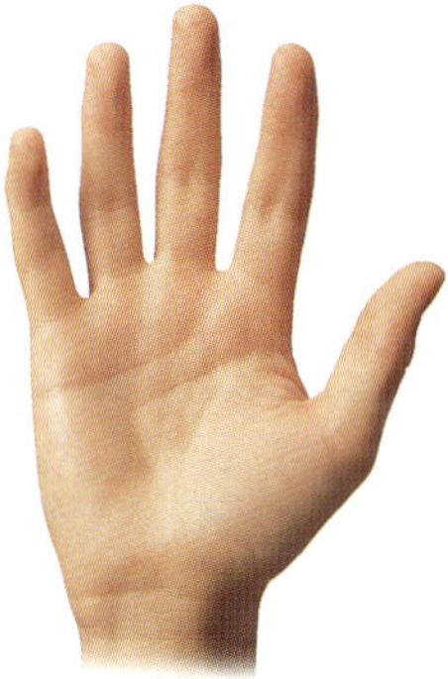

Praktisch

Eine rechteckige Handfläche mit ebenmäßig gesetzten Fingern zeigt eine nüchterne, praktische Persönlichkeit.

Größe und Oberfläche

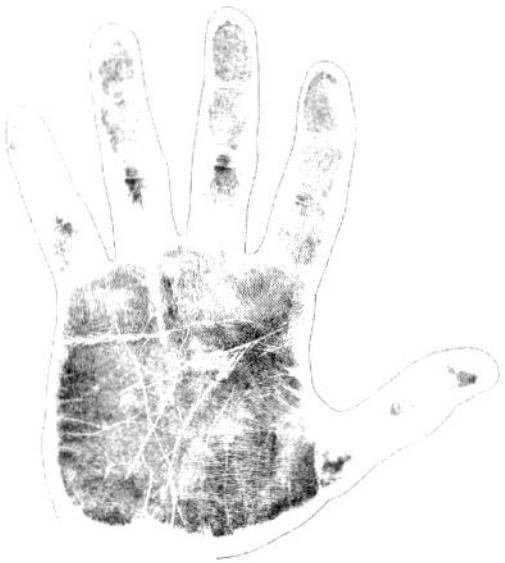

Ausdrucksstark
Eine große, ausdrucksstarke Hand. Beachten Sie den schweren Daumen.

Die große Hand

Große Hände gehören Menschen, denen man Oberflächlichkeit vorwerfen könnte, weil sie Zeit und Talent mit endlosen Details vergeuden, anstatt sich einen Gesamteindruck zu verschaffen. Menschen mit großen Händen sind daher analytisch begabt. Jene mit langen Handflächen und kurzen Fingern sind nicht so impulsiv wie diejenigen mit kleinen Händen, langen Handflächen und kurzen Fingern. Gedächtnis und Aufmerksamkeit sind vom Interesse abhängig, weniger bei schmalen Handflächen – in diesem Fall könnte es sich um einen Pedanten handeln. Großhändige Menschen mit schmalen Handflächen sind selbstbezogen, subjektiv, kalt und manchmal rücksichtslos. Große Hände mit kurzer Handfläche und langen Fingern verweisen auf Detailbesessenheit, besonders wenn die Fingerglieder knotig sind.

Die große, breite Hand deutet auf gesunden Menschenverstand, Geselligkeit und Sympathie mit Schwächeren hin.

Die kleine Hand

Kleine Hände gehören zu Menschen, die das Gesamtbild betrachten, ohne einen Gedanken an Details zu verschwenden. Sie legen den Kern einer Idee frei und können evtl. nicht mit den Feinheiten eines Problems umgehen.

Wenn kleine Hände lange Handflächen und kurze Finger haben, werden Details nur scheinbar und nicht lang berücksichtigt, weil das Gedächtnis kurz ist – es sei denn, es betrifft etwas, das der Person wichtig ist. Menschen mit kleinen Händen und langen Handflächen mit kurzen Fingern sind impulsiv und stürzen sich kopfüber in neue Projekte, nur um sich dann wieder in der Klemme zu finden. Ihr Gedächtnis könnte etwas besser sein als das von Menschen mit großen Händen und sie könnten launisch sein. Wenn die Handflächen schmal sind, sind sie auch selbstbezogen und kleinlich.

Weiche Hände

Kleinere Hände sind oft weich. Körperliche Arbeit wird nicht unbedingt vermieden, aber auch nicht gesucht. Die Person ist geistig aktiv, aber sie hat mit Sicherheit auch eine faule Ader.

Feste Hände

Große Hände sind oft fest. Das weist auf ein aktives, positives Leben und einen direkten Umgang mit anderen hin. Große weiche Handflächen deuten allerdings auf Faulheit und Zögern hin.

Kleine feste Hände

Die Besitzer kleiner fester Hände drücken auch schon einmal ohne Rücksicht auf emotionale, mentale oder soziale Kosten ein Auge zu.

DIE BERGE

sind die fleischigen Wölbungen, die man unter jedem Fingeransatz – Jupiter, Saturn, Apollo und Merkur – findet. Das dritte Glied des Daumens formt den Venusberg und das große Kissen am äußeren Rand der Handfläche heißt Mondberg. Die kleine Erhebung, die man manchmal dazwischen findet, ist der Neptunberg. Einige Handleser beachten die Berge nicht, während andere dort kleinste Zeichen suchen. Idealerweise sollten sich die Berge fest und schwammig anfühlen.

Saturnberg
Er sollte immer gut entwickelt sein, weil er das Gleichgewicht der Hand darstellt.

Die Berge lokalisieren

Der Jupiterberg ist der erste der Fingerberge.

Den Saturnberg findet man direkt unterhalb des Mittelfingers.

Der Sonnenberg liegt direkt unterhalb des Ringfingers.

Den Merkurberg findet man selten nur unter dem kleinen Finger. Normalerweise liegt er zwischen dem dritten und vierten Finger.

Die Marszone bildet das Zentrum der Handfläche zwischen den Fingerbergen und den Spitzen des Mond- und Venusbergs.

Der Venusberg ist eigentlich das dritte Glied des Daumens.

Der Neptunberg findet sich im mittleren unteren Teil der Handfläche.

Der Plutoberg ist ein Teil des äußeren unteren Drittels des Mondbergs.

Der Mondberg ist die gepolsterte Gegend am äußeren unteren Rand der Handfläche.

Die Berge erkennen

Die Berge der Hand sind die fleischigen Wölbungen, die man unter jedem Finger und auf der Handfläche findet.

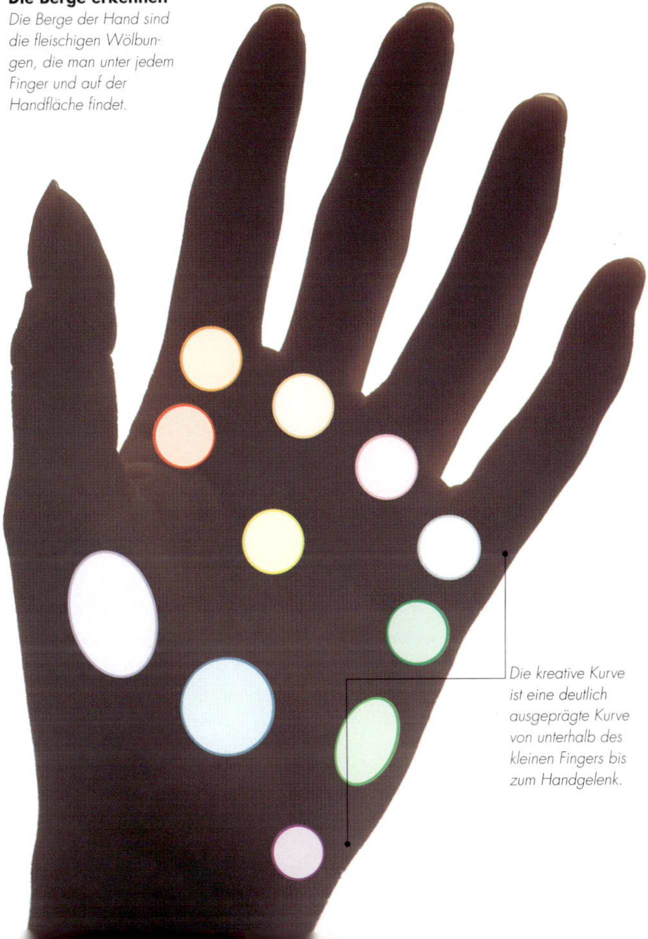

Die kreative Kurve ist eine deutlich ausgeprägte Kurve von unterhalb des kleinen Fingers bis zum Handgelenk.

Die Berge

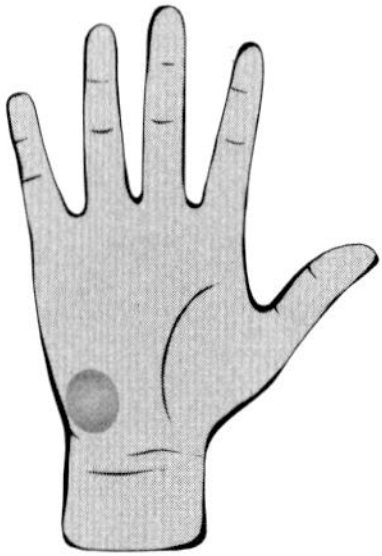

Flacher Mondberg
Menschen mit flachem Mondberg mangelt es an Finesse, aber sie bluffen gut.

Der Jupiterberg

Bei zentralem Apex und guter Ausprägung des Jupiterbergs ist der Mensch ehrgeizig, ehrlich und liebt das Leben. Wenn der Berg überentwickelt ist, ist der Besitzer arrogant, egoistisch, diktatorisch, unhöflich und direkt. Ein weicher oder dünner Berg zeigt, dass der Besitzer faul ist und gern den einfachsten Weg wählt.

Der Saturnberg

Ein gut entwickelter Saturnberg verweist auf einen Fatalisten, der sorgsam mit Geld und Besitz umgeht. Bei Überentwicklung neigt die Person zum einsamen Leben und meidet gesellschaftliche Kontakte. Ein flacher Berg verweist auf einen Schwarzseher.

Der Sonnenberg

Ein gut entwickelter Sonnenberg bedeutet fast immer künstlerische Neigungen und Kreativität. Wenn er überentwickelt ist, ist die Person übermäßig selbstbewusst, launisch und extravagant. Ein flacher Berg veweist auf eine materialistische, egoistische und gierige Art mit wenig Sinn für Kunst.

Der Merkurberg

Wenn dieser Berg gut ausgeprägt ist und zentral sitzt, zeigt das Geschäftssinn. Ein gut entwickelter Merkurberg verweist auf Menschen, die Regeln nach Belieben beugen und möglicherweise nicht ehrlich zu sich selbst oder anderen sind. Sie könnten abergläubisch sein. Ein flacher Berg bedeutet mangelndes Geschäftsverständnis, schwache kommunikative Fähigkeiten und geringe Motivation – ein Mitläufer.

Der Venusberg

Bei gut ausgeprägtem Venusberg verfügt die Person über eine gesunde Libido, eine liebevolle Natur und Familiensinn. Wenn er überentwickelt ist, ist sie schamlos, stark sexorientiert und verfügt über wenig gesellschaftliche Umgangsformen. Ein flacher Berg macht den Besitzer extrem egoistisch.

Der Neptunberg

Ein ausgeprägter Neptunberg spiegelt gute Wahrnehmung und instinktives Verständnis für Menschen.

Der Mondberg

Ein gut entwickelter Mondberg bedeutet lebhafte Fantasie und eine unruhige Natur. Ein überentwickelter Mondberg verweist auf mangelndes Durchhaltevermögen. Ein flacher Berg bedeutet eine kalte Natur und fehlende Fantasie.

Berge und Karriere

In welcher Beziehung die Berge zu beruflichen Erfolgen stehen, finden Sie auf S. 202–205.

Originelle Ideen

Menschen mit einer langen kreativen Kurve entwerfen und verfolgen innovative Vorhaben vom Beginn bis zum Ende.

WEITERE BERGE

Die Marszone in der Mitte der Handfläche und der Plutoberg sind weitere Berge der Hand. Am äußeren Rand mancher Handflächen befindet sich eine klare Kurvenlinie, die manchmal auch als Berg bezeichnet wird: die kreative Kurve. Ein letzter Berg – die Maus – formt sich, wenn man die Hand zu einer Faust ballt. Wenn die Berge an beiden Händen weich sind, könnte die Person eine eher langweilige Art haben und wenig Antrieb oder Enthusiasmus für das Leben zeigen. Diese Menschen haben nicht allzu viel vom Leben, allerdings geben sie auch nicht viel.

Venusberg

Ist der Venusberg voll und gut entwickelt, ist der Zugang zum Leben frei von Hemmungen. Die Natur des Besitzers ist offen und realistisch, oft mit einer offenen und gesunden Libido. Wenn er flach und leblos wirkt, handelt es sich um eine verschämte und verschlossene Natur.

Jupiterberg

Der Besitzer eines vollen Jupiterberges ist im gesellschaftlichen Bereich geschickt. Wenn er zu voll ist, ist der Besitzer egoistisch, neigt zur Protzerei und ist in extremen Fällen vulgär und geschmacklos. Wenn der Berg flach und leblos ist, handelt es sich um einen Mitläufertypen.

Merkurberg

Dieser Berg lehnt normalerweise in Richtung seines Nachbarn. Wenn er flach ist, verweist er auf eine langweilige Person. Je besser entwickelt er ist, desto lebhafter ist der Besitzer.

JUPITERBERG

MERKURBERG

VENUSBERG

Weitere Berge lesen

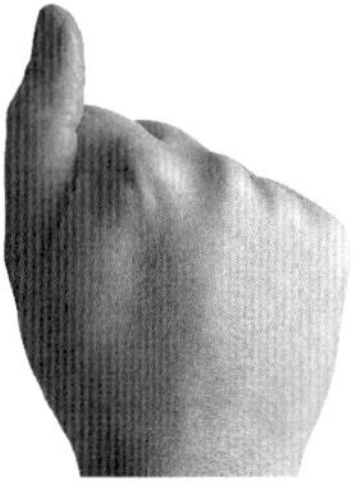

Gesundheitsberg
Eine feste Wölbung an dieser Stelle – die Maus – verweist auf gute Gesundheit.

Die Marszone

Wenn die Marszone ausgeprägt ist, zeigt der Besitzer gute Resistenz bei Krankheiten oder Schwierigkeiten. Er verfügt über ein starkes Gerechtigkeitsgefühl. Es kann anstrengend sein, mit diesen Menschen mithalten zu wollen, weil sie so viel Energie haben. Eine überentwickelte Marszone verweist auf Überschuss an fehlgeleitetem Antrieb. Es könnte sich um einen trotzigen Rebellen handeln. Wenn sie unterentwickelt ist, könnte die Person nicht genug Mut haben, für das zu kämpfen, was ihr zusteht, weil sie Konfrontationen aus dem Weg geht.

Wenn sich eine kleine Erhebung zwischen Zeigefinger und Daumen findet, ist das Temperament schwer zu zügeln und das Konkurrenzdenken stark ausgeprägt. Dies ist der alte Marsberg am inneren Rand der Handfläche zwischen Kopf- und Herzlinie – wenn sie so weit reichen. Er zeigt, dass der Besitzer wenig oder kein Mitgefühl hat. Er ist das Zeichen für einen Widersprecher und Sieger.

Der Plutoberg

Ist er gut entwickelt, fühlt sich der Besitzer zum Okkulten und zu geheimen Lehren hingezogen. Hier scheint auch der Patriotismus zu sitzen. Wenn das Kissen sehr voll ist, hat der Besitzer wenig Zeit für Fremde.

Der Gesundheitsberg

Wenn man eine Faust ballt und den Daumen an den Zeigefinger legt, bildet sich auf dem Handrücken zwischen Daumen und Zeigefingerknöchel ein Hügel, der den Gesundheitszustand verrät: die Maus. Wenn sie sich an beiden Händen fest anfühlt, ist die Person bei guter Gesundheit. Wenn der Berg an der rechten Hand weich ist, aber fest an der linken, kann die Gesundheit schwächer sein, vielleicht aufgrund von Müdigkeit. Nach einer Mahlzeit und etwas Ruhe wird der Berg wieder fest und wir fühlen uns besser.

Die kreative Kurve

Wenn die Kurve oben gut erkennbar ist, verweist sie auf kreatives Denken. Ist sie in der Mitte besser ausgeprägt, kann die Person Ideen entwickeln, die andere ausarbeiten. Wenn die Kurve unten deutlicher ist, kann sie Ideen praktisch umsetzen. Wenn die Seite der Hand flach oder gerade ist, ist der Besitzer bei neuen Ideen langsam, könnte aber über handwerkliches Geschick verfügen. Denn dies ist ein Kennzeichen der normalen rechteckigen Hand.

Die Apizes

Für weitere Informationen zur Bedeutung der Apizes der Berge siehe S. 52–53.

Ehrgeiz
Die mittlere horizontale Zone der Hand bestimmt unsere geistige Natur und den Ehrgeiz.

DAS MODERNE HANDLESEN

In den letzten 30 Jahren hat man einen modernen Zugang zum Handlesen entwickelt. Die Hand wird in drei vertikale und drei horizontale Bereiche aufgeteilt. Jeder dieser Bereiche steht in Beziehung zu bewussten und unbewussten Verhaltensmustern und zu dem Gleichgewicht, das wir zwischen ihnen etablieren. Die Entwicklung der Handoberfläche zeigt dem Handleser, ob insgesamt ein Gleichgewichtszustand herrscht.

Spirituelle Natur
Die oberste horizontale Zone der Hand zeigt unsere spirituelle und idealistische Natur.

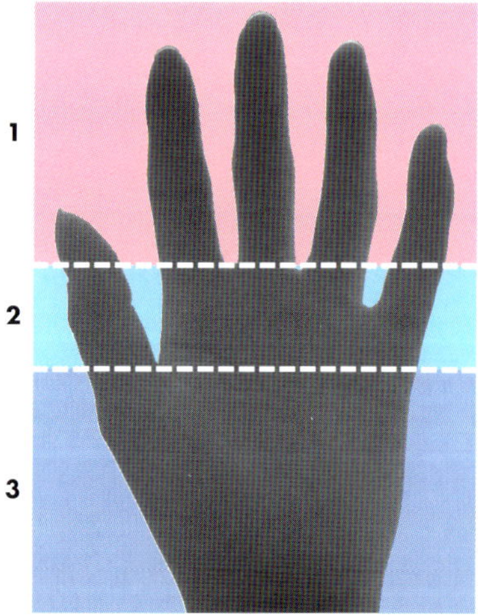

Gleichgewicht

Die untere horizontale Zone der Hand repräsentiert Stabilität. Ist diese Zone unterentwickelt und der Mittelfinger kürzer als Zeige- und Ringfinger, mangelt es dem Besitzer an gesundem Menschenverstand und er hat einen eher unbesorgten Umgang mit Glücksspielen.

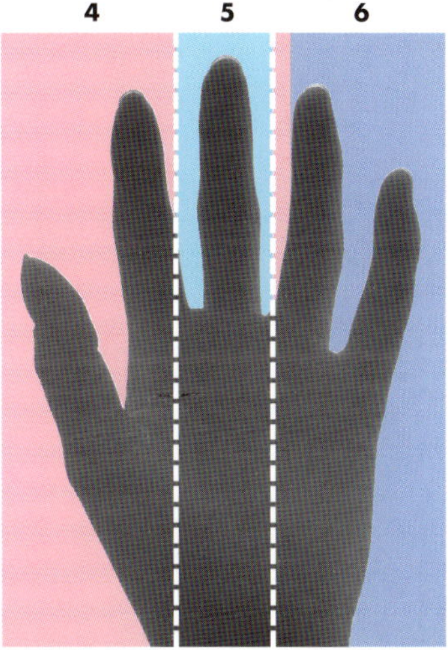

Die Zonen

Die horizontalen Bereiche erstrecken sich von den Fingerspitzen bis zum Fingeransatz, von dort bis zum oberen Daumenansatz und weiter bis zum Handgelenk.

Die vertikalen Bereiche erstrecken sich von der inneren Handkante bis zu einer Stelle zwischen Zeige- und Mittelfinger, von dort bis zum Ringfinger und weiter bis zum äußeren Rand.

1 Die idealistische/spirituelle Natur
2 Die geistige/ehrgeizige Natur
3 Die materielle/einfache Natur
4 Die aktive/bewusste Natur
5 Das Gleichgewicht der Natur
6 Die unbewusste/instinktive Natur

Zonen und Bereiche

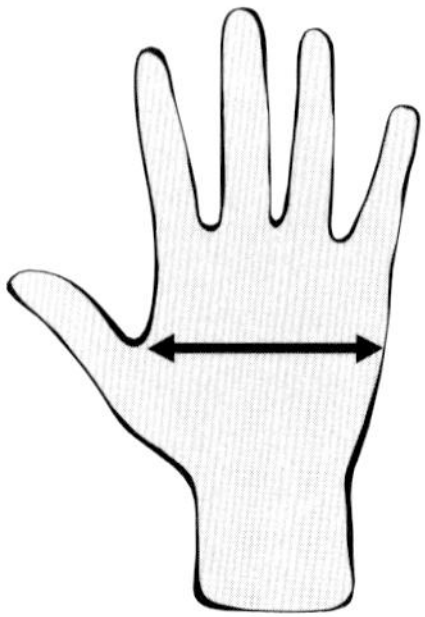

Breite der Handfläche

Eine breite Handfläche zeigt einen offenen Geist, eine schmale eingeschränkte Sicht.

Äußerer Bereich

Der äußere Rand der Handfläche spiegelt unsere Reaktion auf externe Reize. Daher verweist eine schwache oder flache äußere Handfläche auf einen Menschen, der nicht täuschen kann. Ihm gelingt vieles nicht, weil er anderen gegenüber zu offen ist. Bei einem ausgeprägten äußeren Bereich ist die Person dazu in der Lage, ohne kriminelle Absichten zu täuschen, um für sich das Beste zu erreichen. Diese Menschen sind die geborenen Bluffer.

Innerer Bereich

Die innere Seite der Handfläche nahe dem Daumen zeigt, wie eine Person bewusst auf Reize reagiert. Ein langer, wohlgeformter Zeigefinger verweist auf einen beobachtenden Typen, der stolz auf Erreichtes ist. Je weiter der Zeigefinger absteht, desto sensibler ist er.

Mittlerer Bereich

Die mittlere Zone der Handfläche wird durch den Saturnfinger und -berg bestimmt. Daher zeigt die Ausprägung dieser Region, wie ausgewogen die Person ist. Wenn der Mittelfinger lang und gerade und der Saturnberg gut entwickelt ist, herrscht eine ausgewogene, stabile und vernünftige Art vor.

Wenn diese Sektion nicht gut entwickelt ist, könnte die Person unzuverlässig und darauf bedacht sein, alles mit so geringem Aufwand wie möglich zu machen. Wenn der Mittelfinger kürzer als Zeige- und Ringfinger ist, könnte er oder sie ein Spieler sein, impulsiv, vielleicht rücksichtslos und mit schwachem Willen.

Unterer Bereich

Der untere Teil der Hand repräsentiert den Sitz unserer Energie. Wenn diese Gegend gut entwickelt ist, ist die Person körperlich orientiert und geistige und emotionale Anliegen sind zweitrangig. Eine breite Handfläche verweist auf eine Vorliebe für das Leben im Freien. Eine enge oder dünne Handfläche deutet auf eine egoistische Natur hin.

Oberer Bereich

Wenn die obere Region der Handfläche gut ausgeprägt ist und die anderen Bereiche relativ ausgewogen sind, verfügt die Person über gute Führungsqualitäten, vielleicht auch in Erziehungsfragen. Die Person könnte auch andere gern führen lassen, selbst aber die Rolle des Beraters einnehmen, weil sie gern im Hintergrund die Zügel in der Hand hält.

Wandlungsfähigkeit

Wenn Zeige- und Mittelfinger nahe beieinander liegen, ist die Person nicht sehr wandlungsfähig, weil sie Neues nicht schätzt.

VOLLE, LEERE & MITTLERE HÄNDE

Wenn Sie eine Handfläche mit einer Vielfalt von Linien kreuz und quer sehen, kann es sich dabei nicht nur um einfache Einflusslinien handeln, sondern um andere, die trotz einiger Schwierigkeiten identifiziert werden können und sollten. Bevor man sich diesen Linien einzeln widmet, muss man allerdings das Gesamtbild betrachten. Machen Sie den Verlauf der Hauptlinien aus. Achten Sie darauf, welches die Einflusslinien sind und welche nicht.

Mittlere Hand

Nur die Hauptlinien und wenige Einflusslinien sind vorhanden. Das weist auf eine insgesamt ausgewogene Einstellung zum Leben hin. Diese Menschen haben wenig Komplexe und eine offene Art. Sie sind nicht leicht aus der Ruhe zu bringen. Wenn es viele horizontale Linien gibt, ist die Person nicht darauf vorbereitet, mit Schwierigkeiten umzugehen. Sie könnte nicht vorausschauend denken, oder es mangelt ihr an Wahrnehmungsvermögen. Linien, die quer über die Handfläche führen, können als Hindernisse betrachtet werden, die wie Balken eine Linie behindern – und damit den Fluss von Talenten.

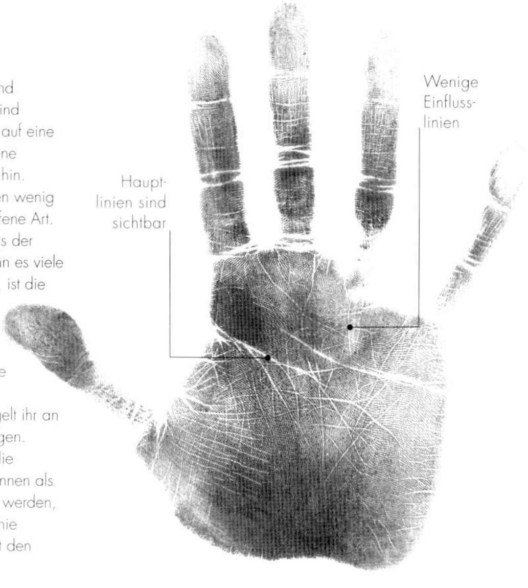

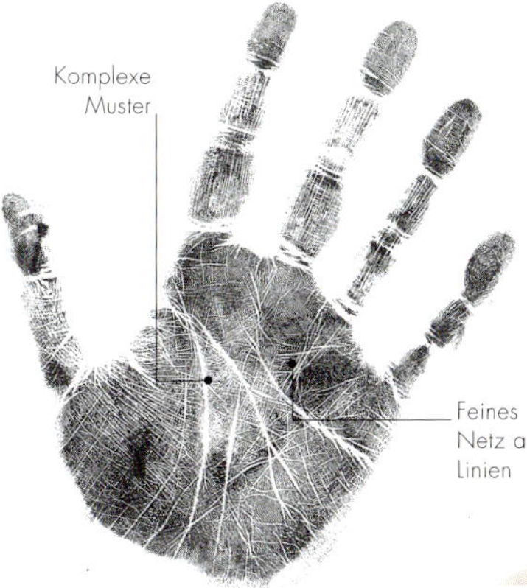

Volle Hand

Diese Typen sind nur glücklich, wenn sie sich um etwas sorgen – berechtigter- oder unberechtigterweise. Ihr Geist steht niemals still. Sie versuchen sich immer die Reaktion von anderen auf ihr eigenes oder fremdes Verhalten oder Entscheidungen vorzustellen.

Unruhiger Geist

Wegen ihres aktiven Geistes und eines Mangels an Disziplin fällt es Menschen mit vollen Händen schwer, die langweiligeren Aufgaben des Lebens anzugehen.

Volle und mittlere Hände

Unruhig
Eine volle Hand zeigt einen ruhelosen Geist.

Die volle Hand

Die volle Hand ist leicht erkennbar, weil sie eine große Menge von Linien in komplexen Mustern kreuz und quer über der Handfläche aufweist. Das kann auch zum Albtraum eines Handlesers werden.

Das feine Gewirr von Linien verweist auf jemanden, der sich ständig Sorgen macht. Sein Geist steht niemals still, weil er überemotional und angespannt ist. Es zeigt eine lebhafte und überbeanspruchte Einbildungskraft. Diese Personen sind oft grundsätzlich unglücklich. Sie misstrauen oft den Motiven anderer und machen sich Sorgen, dass sie die Menschen in ihrer Umgebung verärgern könnten. Daher leben sie auf Messers Schneide. Sie haben einen seltsamen philosophischen Zugang zum Leben und vielen mangelt es an Stärke.

Trotzdem haben sie nicht nur negative Eigenschaften – im Gegenteil! Viele sind intelligent und führen ein faszinierendes Leben. Während sie aufnahmefähig, verständnisvoll und sehr klug sind, kann es ihnen auch an Initiative mangeln. Sie haben selten natürliche Größe, aber sie erstrahlen, wenn das Scheinwerferlicht auf sie fällt.

Sie lassen sich von Aufgaben, die Aufmerksamkeit für Details verlangen, leicht frustrieren und Routinearbeit langweilt sie. Sie kommen schwer mit Disziplin zurecht, bluffen aber erfolgreich, wenn es darum geht, andere zu disziplinieren.

Man findet sie oft in autoritären Positionen, in die sie früh im Leben gelangt sind, weil sie mit gewandter Rede beeindrucken. Allerdings bleiben sie dort nicht lange, weil ihnen das Durchhaltevermögen fehlt. Viele erreichen daher Spitzenpositionen, aber nur wenige halten sich dort. Wenn sie scheitern, nimmt es sie innerlich arg mit, sie leiden nervlich, sind unruhig, ruhelos und sprunghaft, wenn sie belastet werden.

Die mittlere Hand

Dieser Typ liegt zwischen der vollen und der leeren Hand, kann schwer zu interpretieren sein und ist für Anfänger in der Handlesekunst eine echte Herausforderung. Wenn eine Interpretation zunächst sehr schwierig erscheint, sehen Sie nach, ob es mehr vertikale als horizontale Linien auf der Handfläche gibt.

Vertikale Linien verweisen auf Menschen, die sich immer bemühen, jede Chance zur Verbesserung ihrer Situation zu nutzen.

Nutze den Tag

Menschen mit mittelgroßen Händen glauben, dass man sich alles erarbeiten muss.

DIE LEERE HAND

Die leere Hand zeigt normalerweise drei Hauptlinien und eine kleine Anzahl von Einflusslinien oder verstreuten Kerben. Menschen mit einer leeren Hand haben einen gleichmäßigen und zuverlässigen Zugang zum Leben und zu Verantwortung. Solche Menschen sind relativ frei von Sorgen und Schwierigkeiten, und wenn sie einmal ein Problem haben, behalten sie es für sich. Sie scheinen Dinge nicht so stark zu fühlen wie diejenigen mit vollen Händen. Falls doch, zeigen sie es selten.

Menschen mit leerer Hand

Sie sind sehr zielstrebig und beenden alles, was sie angefangen haben, ordentlich. Diese Menschen vermeiden persönliche Berührungen wie Küsse oder Umarmungen bei der Begrüßung oder Verabschiedung.

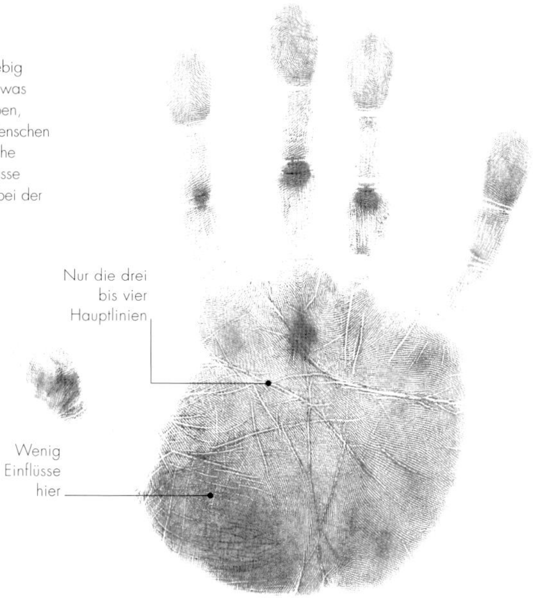

In Uniform

Menschen mit leerer Hand eignen sich vorzüglich für alle Arbeiten, die ein Verständnis für Disziplin erfordern, wie den Dienst beim Militär. Sie sind konventionell und können Befehle geben und befolgen.

Gibt ungern emotionale Beteiligung zu und vermeidet es, Gefühle in der Öffentlichkeit zu zeigen

Fast immer direkt, pünktlich, ordentlich und liebt das ruhige Leben

Guter Ausbilder, sowohl kreativ als auch praktisch veranlagt

Anspruchslos

Sie sind gründlich und gehen ruhig und anspruchslos durch ihr Leben. Oftmals bemerkt man sie noch nicht einmal.

Die Linien der Hand

Wir alle haben einige, aber nicht alle Linien der Hand in einer guten Ausprägung. Während sich unser Charakter bildet, reflektieren die Linien diese Veränderungen. Schwächen werden durch schwache Markierungen angezeigt, während Stärken als tief eingeschnittene Linien erscheinen.

Die Linien und Einflusszeichen verändern sich, wie sich auch das Leben verändert. Der Handleser muss zunächst Form und Stil der Hand feststellen und kann erst dann beginnen, die Bedeutung der Linien im Kontext zu entziffern.

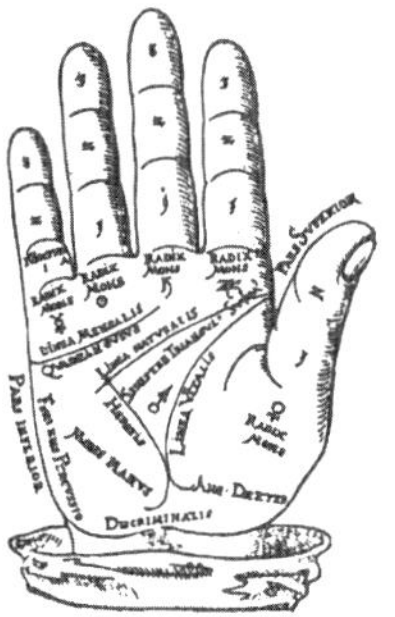

Karte der Linien
Die alte Abbildung zeigt die Linien und Bereiche der Hand.

Hände vergleichen

Man sollte beide Hände untersuchen. Die linke Hand steht mit inneren Begabungen in Verbindung, die rechte zeigt meistens, wie gut diese entwickelt sind.

Der Handleser sollte nach Belieben experimentieren. Als Anfänger sollten Sie aus Prinzip zuerst die linke Hand ansehen und sie dann mit der rechten vergleichen. Zwei Hände gleichen sich niemals völlig und sogar die Form kann sich unterscheiden. Merkmale wie Oberfläche und Beschaffenheit sind oft unterschiedlich, individuelle Finger und ihr Sitz sind auch nicht immer gleich. In der Regel dominiert die rechte Hand, weil sie normalerweise zeigt, wie Veränderungen in die Persönlichkeit eingegangen sind.

Bei geringen Unterschieden musste der Besitzer keine Veränderungen durchleben und wird daher ziemlich ruhig und zufrieden sein. Je unterschiedlicher die Markierungen sind, desto weniger zufrieden ist das Leben. Viele wichtige Ereignisse wurden erlebt, ob durch die Person selbst oder andere verursacht.

Auf einer sensiblen konischen Hand kann man ein feines Netz von Linien erwarten; auf einer rechteckigen Hand könnte es nur wenige Linien geben, die einen praktischen und bodenständigen Lebensstil verraten.

Wenn sich eine Linie zu einer Inselformation teilt und sich dann wieder vereinigt, verweist das auf eine offensichtliche Schwäche dieser Linie. In diesem Lebensbereich mangelt es der Person an Enthusiasmus. Aber wenn sie sich wieder vereinigt, bedeutet das wiedererlangte Stärkung. Brüche in einer Linie sind ernst, während Punkte und Balken weniger schwerwiegend sind.

Ausgefranste Linien findet man oft auf älteren Händen. Sie verweisen auf nachlassende Energie.

Klare Linien

Je klarer die Linien sind, desto besser. Wenn ein Bruch oder ein Hindernis auftaucht, wird der Fluss des Lebens erschwert.

HAUPT- UND NEBENLINIEN

Die anerkannten Hauptlinien der Hand sind die Kopf-, die Lebens- und die Herzlinie. Manche Handleser bezeichnen auch die Schicksalslinie als weitere Hauptlinie, denn sie ist ebenso wichtig, wenn sie präsent ist, wie wenn sie fehlt. Traditionell wird sie jedoch als Nebenlinie angesehen. Diese Karten zeigen sowohl die vielen Nebenlinien als auch die Ringe und andere wichtigere Einflusszeichen, wie etwa das Mystische Kreuz. Die Bedeutung dieser Linien und Markierungen wird später erklärt.

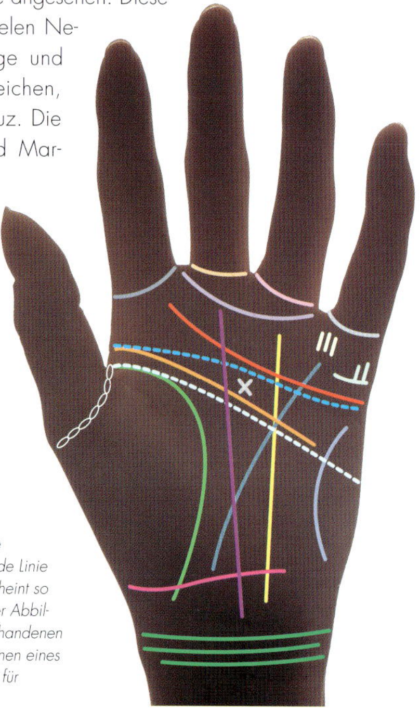

Verschiedene Hände

Nicht jede Hand zeigt jede Linie und nicht jede Hand erscheint so deutlich wie die auf dieser Abbildung. Alle tatsächlich vorhandenen Linien sind immer Variationen eines Hauptthemas – siehe Text für nähere Erläuterungen.

Haupt- und Nebenlinien

Hauptlinien	Nebenlinien		
Leben	Sonne	Ring des Salomon	Intuition
Herz	Merkur	Ring des Saturn	Via lasciva
Kopf	Simian	Ring des Apollo	Familienring
Schicksal	Sydney	Ring des Merkur	Stigmata des Heilens
	Rascetten	Gürtel der Venus	Mystisches Kreuz
			Zuneigungslinien

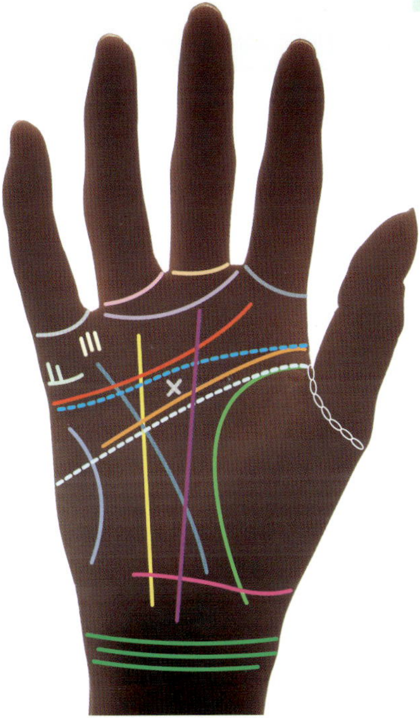

Besondere Markierungen

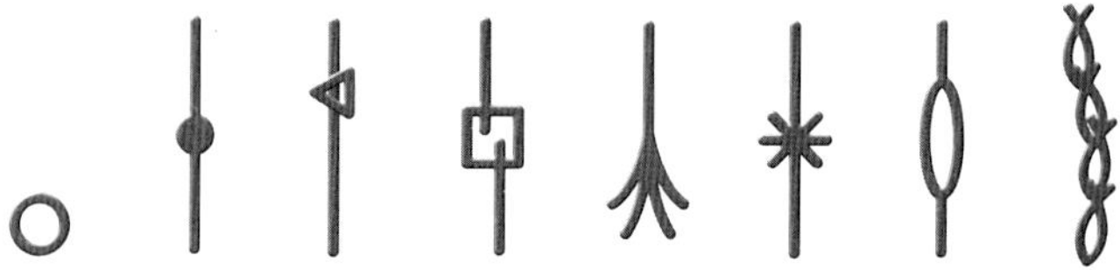

Kreis Fleck Dreick Quadrat Quaste Stern Insel Kette

Es gibt eine große Menge besonderer Zeichen und Markierungen auf jeder Stelle der Handfläche oder der Finger. Die genaue Anzahl hängt von dem benutzten Deutungssystem, der Denkschule oder von landestypischen Eigenarten ab. In Asien gibt es viele Markierungen, die man im Westen nicht kennt, und es lohnt sich, sie zu studieren.

Moderne Handanalysten benutzen vielleicht nicht alle 14 hier aufgeführten Zeichen und man findet auch nicht immer alle auf jeder Hand. Es ist durchaus möglich, dass keines der Zeichen erscheint, aber wahrscheinlich findet man vier bis fünf auf jedem Handpaar.

Diese Zeichen sind Balken, Kette, Kreis, Kreuz, Fleck, Gitter, Insel, Quadrat, Stern, Quaste, Dreieck, Dreizack sowie horizontale und vertikale Linien.

Bedeutungen

Sie können allein oder als Teil einer Linie erscheinen, vielleicht auch mit anderen durch das Zusammentreffen von Haupt- und Nebenlinien geformten Zeichen. Normalerweise sind Kreis, Quadrat, Stern, Dreieck, Dreizack und die vertikale Linie vorteilhaft.

Alle anderen Markierungen – Balken, Ketten, Kreuz, Fleck, Gitter, Insel und Quaste – werden je nach Fundstelle als schädlich betrachtet.

Untersuchen Sie sie sorgsam, denn sie ähneln den Aszendenten der Astrologie und geben oft Auskunft über Details der Persönlichkeit, für die es keine direkte Antwort gibt. In manchen Fällen können sie auf Ereignisse aus der Vergangenheit hinweisen. Sie können auch eine Warnung vor etwas sein, das sich später ereignen wird. Das Quadrat

Kreuz und Gitter — Vertikale und horizontale Linien — Dreizack und Balken

hat z. B. immer positive Bedeutung und ist ein Zeichen des Schutzes. Wenn die Lebenslinie stark aussieht, nachdem sie durch ein Quadrat führte, könnte dies auf einen kurzen Krankenhausaufenthalt hinweisen. Ein Stern nahe dem Ende des Lebens zeigt einen Schock an und könnte als ein Warnsignal gewertet werden.

Der Kreis auf einer Linie wird oft fälschlicherweise für eine Insel, ein schlecht geformtes Quadrat oder für ein Dreieck gehalten und muss sorgfältig untersucht werden. Der Dreizack ist ein Zeichen aus der indischen Handlesekunst.

Das Unvorhersehbare

Weitere Informationen zur Bedeutung der besonderen Zeichen und des Unvorhersehbaren finden Sie auf S. 214–217.

Lebensweg

Die Lebenslinie folgt den Ereignissen von der Geburt bis ins hohe Alter.

DIE LEBENSLINIE

Wenn diese Linie von allen am stärksten betont ist, hat für die Person das Körperliche Vorrang. Diese Art der Lebenslinie findet man am ehesten auf den Händen von Menschen, die sich gern im Freien aufhalten und wachsen und gedeihen, wenn sie körperlich aktiv sind. Allerdings sollte keine Linie nur für sich, sondern immer im Zusammenspiel mit den anderen Linien und Zeichen der Hand betrachtet werden, wenn Sie eine zufriedenstellende Handanalyse anfertigen wollen.

Das Leben im Freien

Eine tiefe Lebenslinie verweist auf eine stark körperlich geprägte Haltung zum Leben, vielleicht als Sportler oder als begeisterter Gärtner.

Lebenslust

Eine ununterbrochene, tief eingeschnittene Linie verweist auf Enthusiasmus und eine sprühende Natur. Dieser Typ hat viel Lebenslust.

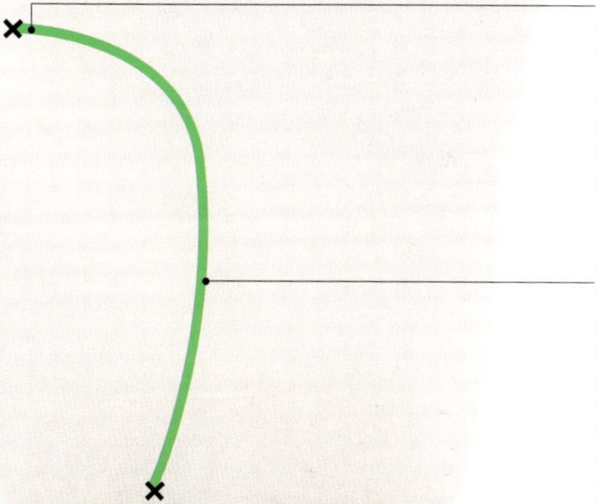

Die Lebenslinie kann überall an der Daumenseite der Handfläche beginnen, normalerweise auf dem Jupiter- oder Marsberg oder dazwischen. Sie kann ganz am Rand der Handfläche oder weiter innen beginnen.

Sie beginnt oft mit Ketten- oder Inselmustern, sollte aber einen klar eingeschnittenen Pfad bilden, der weit in die Handfläche hineinragt, den Venusberg umläuft und nahe dem Ansatz der Hand endet.

Die Lebenslinie lesen

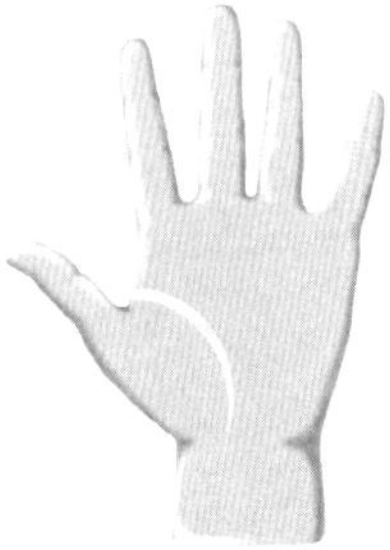

Spaß im Freien

Eine tief eingeschnittene Lebenslinie deutet an, dass der Besitzer körperliche Aktivität schätzt.

Die Lebenslinie steht für Konstitution und Vitalität und sollte stark und gesund aussehen. Je mehr Unterbrechungen sie hat, desto weniger erfüllt sie ihre Aufgabe. Manchmal scheint die Linie den Daumenballen einzurahmen und unter dem Venusberg zu verschwinden. Sie kann nach außen geschwungen sein und auf dem Venusberg enden oder die Grenze zwischen den beiden unteren Bergen markieren. In einigen Fällen kann sie bis zum äußeren Rand der Handfläche reichen. Sie kann sich vergabeln, verblassen, ausfransen oder in einer Quaste enden.

Der Beginn der Lebenslinie

Wenn sie als eine einzige Linie im Hautmuster am Rand der Handfläche auftaucht, ist die Person offen und selbstständig. Wenn sie aber mit Ketten versehen ist, verlässt sich der Besitzer zu sehr auf andere. Eine Inselformation mit offenem Ende verweist auf ein Geheimnis in Zusammenhang mit der Geburt – Adoption, uneheliche Herkunft oder Schwierigkeiten bei der Geburt. Wenn sie am Anfang mit der Kopflinie verbunden ist, ist der Besitzer um so vorsichtiger in Beziehungen, je länger beide Linien verbunden bleiben. Diese Menschen sind übersensibel, voller Selbstzweifel und schwer zu verstehen. Konvention ist ihnen wichtig.

Wenn sich die Lebenslinie von der Kopflinie wegbewegt, kann man kleine Einflusslinien zwischen ihnen sehen. Sind es viele, handelt es sich um keine sehr positive Natur und der Besitzer richtet sich nach anderen, weil er selbst wenig Entschlossenheit zeigt.

Eine Linie, die auf dem Jupiterberg beginnt, verweist auf eine gesunde und ehrgeizige Natur. Diese Menschen sind selbstsicher und halten sich für unfehlbar. Wenn etwas schief läuft, suchen sie einen Sündenbock, statt ihre Schuld einzugestehen. Je weiter unten die Linie beginnt, desto schwächer ist diese Tendenz und desto offener, freundlicher und natürlicher ist die Person.

Eine Lebenslinie, die am Marsberg ansetzt und eng um den Daumenballen liegt, weist auf eine sensible und empfindliche Seele hin, die bei der leisesten Schwierigkeit einen Selbstverteidigungsmechanismus in Gang setzt. Führt die Lebenslinie auf den Marsberg hinauf, handelt es sich um einen Mitläufer, der sich kaum bewegt, ohne jeden Schritt zu überprüfen, und selbst dann noch zögert. Eine Linie, welche die Lebenslinie von innen berührt oder durchläuft, verweist auf ein Familienmitglied oder einen Freund, der sich einmischt.

Ereignisse datieren

Informationen zum Datieren von Ereignissen mithilfe der Lebenslinie finden Sie auf S. 190–197.

DIE LEBENSLINIE

Traditionell nahm man immer an, dass eine kurze Lebenslinie auf ein kurzes Leben und eine lange Lebenslinie auf ein langes Leben hinweist. Dies ist nicht richtig, denn es gibt viele Menschen, die nur eine schwache Markierung oder an beiden Händen gar keine Lebenslinie haben. Es stimmt zwar, dass sie körperlich nicht besonders stark sind und eine schwächere Konstitution haben können, aber dennoch erreichen diese Menschen ein ebenso hohes Alter wie jene mit ausgeprägter Lebenslinie.

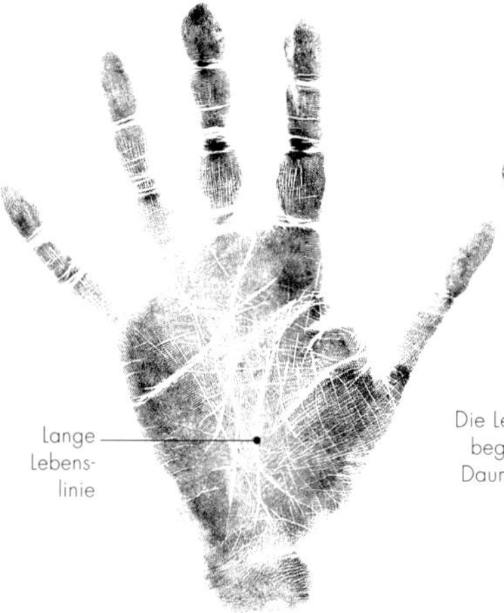

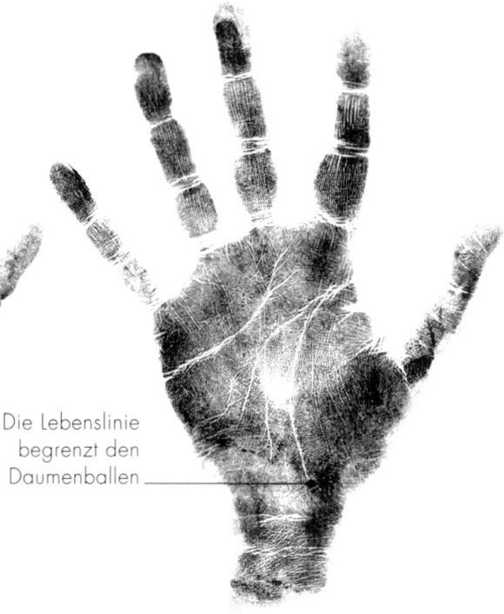

Lange Lebenslinie

Eine lange Lebenslinie verweist normalerweise auf jemanden, der sich lieber mit körperlichen Dingen als mit abstrakten Angelegenheiten beschäftigt.

Lebenslinie begrenzt Daumenballen

Bei Menschen, in deren Hand die Lebenslinie den Daumenballen begrenzt, gibt es wenig Begeisterung für das Leben und einen insgesamt begrenzten Horizont.

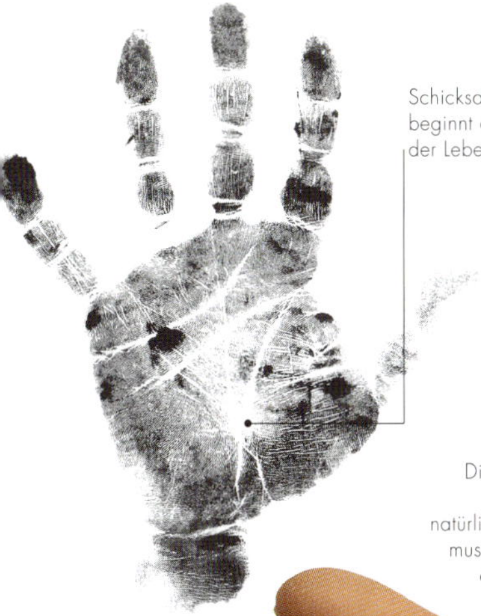

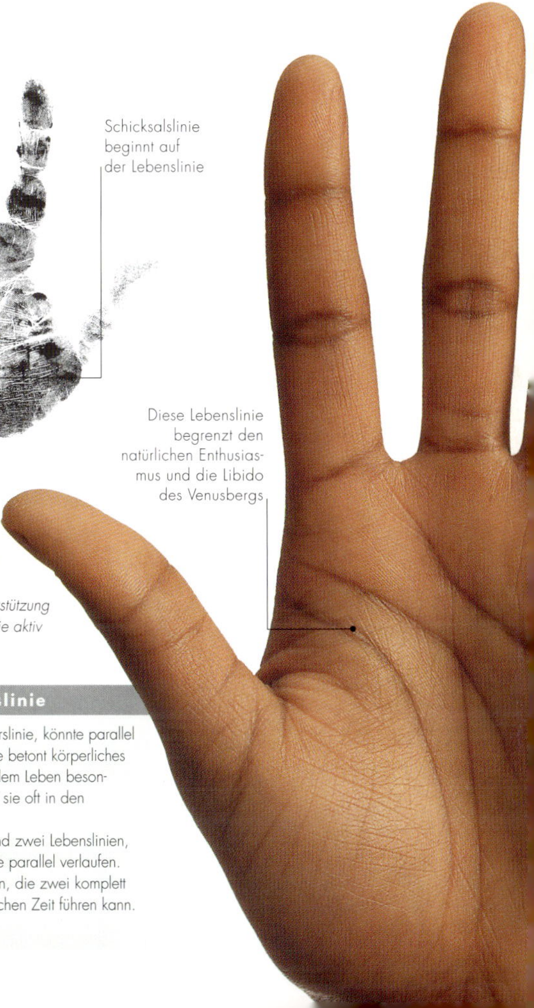

Schicksalslinie beginnt auf Lebenslinie

Diese Linie verweist auf Unterstützung durch die Familie für Ziele, die aktiv verfolgt werden.

Die Marslinie

Eine Schwesterlinie, die Marslinie, könnte parallel zur Lebenslinie verlaufen. Sie betont körperliches Wohlbefinden und verleiht dem Leben besonderen Schwung. Man findet sie oft in den Händen von Sportlern.

Manchmal zeigt eine Hand zwei Lebenslinien, die fast von Anfang bis Ende parallel verlaufen. Dies verweist auf eine Person, die zwei komplett verschiedene Leben zur gleichen Zeit führen kann.

Die Lebenslinie lesen

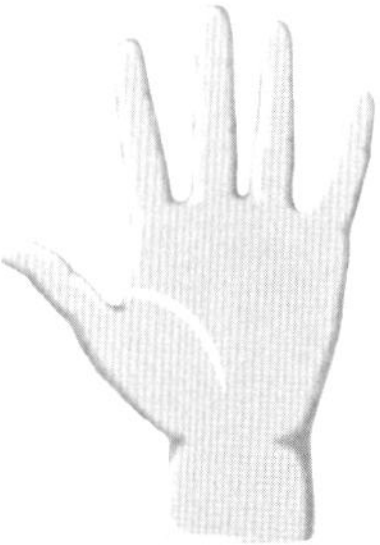

Eine kurze Lebenslinie
Eine kurze Lebenslinie verweist nicht auf ein kurzes Leben.

Einflusslinien, die in der Handfläche außerhalb der Lebenslinie entspringen, zeigen an, woher Probleme kommen: Wenn vom Jupiter, könnte es sich um berufliche Angelegenheiten handeln, wenn vom Saturn, um persönliche Disziplin, oder wenn vom Apollo- oder Sonnenberg um künstlerische und kreative Dinge. Eine Linie vom Merkurfinger oder -berg bezieht sich auf kommerzielle Angelegenheiten.

Wenn die Lebenslinie der rechten Hand weit in die Handfläche hineinragt mit wenig oder gar keiner Verbindung zur Kopflinie, bemüht sich der Besitzer ständig darum, sein Leben zu verbessern. Wenn die Lebenslinie der linken Hand den Daumenballen zu begrenzen scheint, aber die rechte Lebenslinie anders geformt ist und in die Handfäche hineinragt, gibt es viele Versuche, das Leben zu verbessern. Diese Menschen denken, dass ihre frühen Jahre schwierig waren. Sie könnten sich mit dominanten Eltern, schulischen, sozialen oder Gesundheitsproblemen auseinandergesetzt haben.

Wenn die linke Lebenslinie hingegen weit in die Handfläche hineinragt, aber die rechte dicht am Venusberg liegt, haben erschöpfende Umstände den Besitzer leiden lassen. Er hat das Beste aus den Dingen gemacht, war aber – ohne dass er von diesen Problemen wusste – unfähig oder ungewillt, sie zu ändern. Er ließ den Dingen ihren Lauf.

Einflusslinien, die von der Lebenslinie nach oben laufen, zeigen, dass Versuche zur Verbesserung des Lebensstandards unternommen wurden und verweisen – wenn lang genug – auf die Richtung, in die der Besitzer strebt.

Brüche in der Linie

In der Mitte der Hand kann die Linie brechen. Wenn sie ihr Aussehen wenig verändert, ist der Besitzer zufrieden und hält sein Leben in der Hand. Nur wenig regt ihn auf. Wenn es Veränderungen gibt, werden diese etwa zur Lebensmitte eintreten. Zu dieser Zeit wurden die meisten Ziele bereits erreicht.

An diesem Punkt kann die Linie stark aussehen, aber etwas weiter unten zu brechen beginnen und Zeichen der Beanspruchung zeigen. Der Besitzer hat sich zu viel aufgeladen. Die Linie ist eine Frühwarnung und er sollte Schritte einleiten, um die Dinge leichter zu nehmen.

Lebenslinie und Reisen

Wenn die Lebenslinie in einer Kurve unter dem Daumenballen verschwindet, scheut der Besitzer Reisen oder Aufenthalte weg von zu Hause. Die Person kehrt gern nach Hause zurück, weil sie sich dort sicher fühlt. Eine Lebenslinie, die sich wölbt und auf dem Mondberg endet, verweist auf Reiselust und Hunger nach Erfahrung. Sie ist das deutlichste Zeichen von Reiselust in der Hand – besonders wenn sie in beiden Händen vorhanden ist.

Fantasie

Wenn die Kopflinie lang und stark ist, hat die Person eine ausgeprägte Vorstellungskraft und lässt sich leicht ablenken.

DIE KOPFLINIE

Manche Handleser halten die Kopflinie für die wichtigste Linie der Hand, denn sie zeigt, wie man denkt, logisch urteilt, wahrnimmt, glaubt und wie man Informationen verarbeitet und dann umsetzt. Wir alle denken und handeln auf unsere eigene Art. Als Ergebnis nehmen wir einen Lebensstil an, der auf unserem individuellen Denken basiert. Wegen all der Unterschiede ist es vernünftig anzunehmen, dass die Kopflinie an einer Vielzahl von Stellen beginnt und dann in ihrem eigenen Pfad auf der Handfläche verläuft.

Talent

Die Kopflinie auf der rechten Hand zeigt die Entwicklung der Begabungen, die durch die Kopflinie auf der linken Hand angedeutet werden. Alle wahrnehmbaren Unterschiede verweisen auf Veränderungen, die sich ergeben haben oder noch bevorstehen. Je größer die Unterschiede, desto mehr Veränderungen ergeben sich im Leben.

Unsicherheit

Wenn die Kopflinie die Lebenslinie entweder leicht berührt oder kurz daneben beginnt, verweist das auf Unsicherheit oder fehlendes Selbstvertrauen.

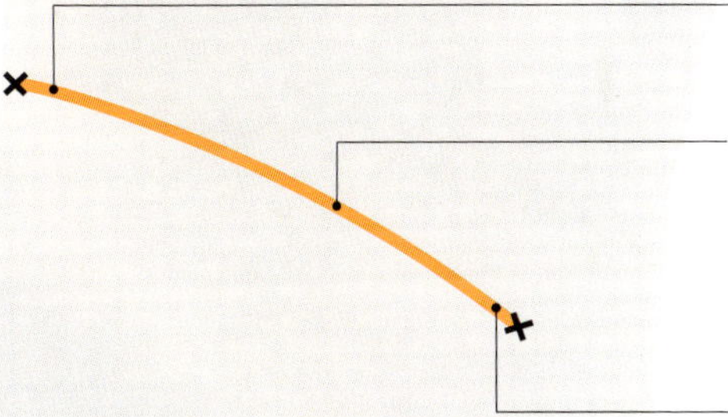

Die ideale Kopflinie beginnt nahe bei der Lebenslinie am inneren Rand der Hand und reicht weit in die Handfläche hinein.

Sie biegt sich dann leicht, verläuft in einer Kurve nach unten und endet auf dem Mondberg.

Das ideale Ende befindet sich unterhalb des kleinen Fingers am äußeren Rand der Hand. Oft ist sie auch kürzer.

Die Kopflinie lesen

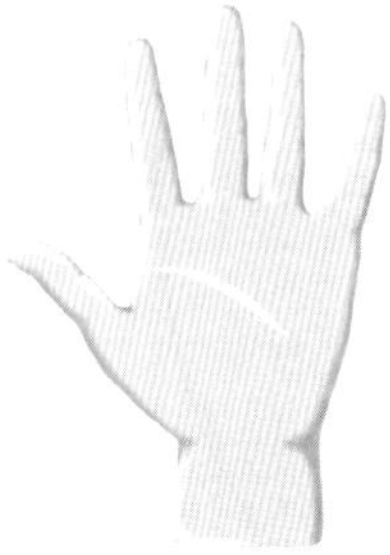

Linie der Vernunft
Die Kopflinie bestimmt, wie wir unsere Denkfähigkeit nutzen.

Die Kopflinie kann auf dem Jupiterberg beginnen, was auf Stolz auf Erreichtes hindeutet. Manchmal beginnt sie nahe der Lebenslinie. Je weiter sie von ihr entfernt liegt, desto unbesonnener und impulsiver ist die Natur, besonders bei einer konischen Hand. Sie kann gerade über die Mitte der Hand verlaufen oder leicht gebogen sein. Manchmal fällt sie steil ab und endet auf dem Mondberg. Sie kann plötzlich enden, sich ein- oder zweimal gabeln, ausfransen oder einfach verschwinden.

Hände vergleichen

Wenn Sie die Kopflinien beider Hände vergleichen, wird eine stärker sein als die andere. Wenn die Kopflinie rechts schwächer ist, denkt die Person negativ, unschlüssig und unterwürfig. Wenn die linke Kopflinie schwächer ist, denkt sie positiv und geordnet. Die Person hat Initiative gezeigt, um sich von Beschränkungen zu befreien.

Wenn beide Linien gleich stark sind mit ähnlichem Ursprung und Verlauf, erlebt der Besitzer wenig Veränderung.

Länge

Eine kurze Linie verweist auf eine praktische, wenig flexible Natur. Die Person könnte für spezielle Fähigkeiten Ruhm oder Schande erfahren. Eine kurze Linie, die unter dem Mittelfinger endet, findet man normalerweise nicht auf einer konischen Hand. Aber sie befindet sich häufig auf einer rechteckigen Hand. Sie verweist auf eine gute, praktische Konzentrationsgabe. Sie zeigt auch eine Beschäftigung mit weltlichen Dingen und ein Talent für

Routine. Eine lange Kopflinie verweist auf wirres, aber flexibles Denken. Diese Menschen sind ausgesprochen fantasievoll.

Eine lange Kopflinie, die bis zum äußeren Rand der Handfläche reicht und sie praktisch zweiteilt, heißt Sydney-Linie. Sie verweist auf exzellente geistige Kontrolle, eine unflexible Art und eine sehr egoistische Ader.

Manchmal werden Sie Hände mit einer sehr unregelmäßigen Kopflinie sehen. Sie beginnt stark, verschwindet dann und taucht wieder auf. Das zeigt ein Bemühen, den eigenen Kopf über Wasser zu halten, und Unfähigkeit, das Leben zu meistern. Einflusslinien oder Markierungen an dieser Stelle der Kopflinie sollten die Ursache für diese Schwierigkeiten zeigen. Je höher die Kopflinie auf dem Jupiterberg beginnt, desto ehrbarer ist der Charakter.

Doppelte Kopflinie

Manchmal findet sich eine doppelte Kopflinie. Diese Personen können gleichzeitig in zwei unterschiedlichen Tätigkeitsbereichen arbeiten.

DIE KOPFLINIE

Wie alle Linien sollte auch die Kopflinie – abgesehen von den vertikalen Linien, die sie kreuzen – frei von allen Einflusszeichen sein. Es dürfen keine Flecken, Balken, Inseln, Ketten oder Quasten darauf sein. Je klarer die linie, desto klarer der Gedankengang. Je weiter die Linie abfällt, desto mehr Fantasie ist vorhanden und wird verwendet.

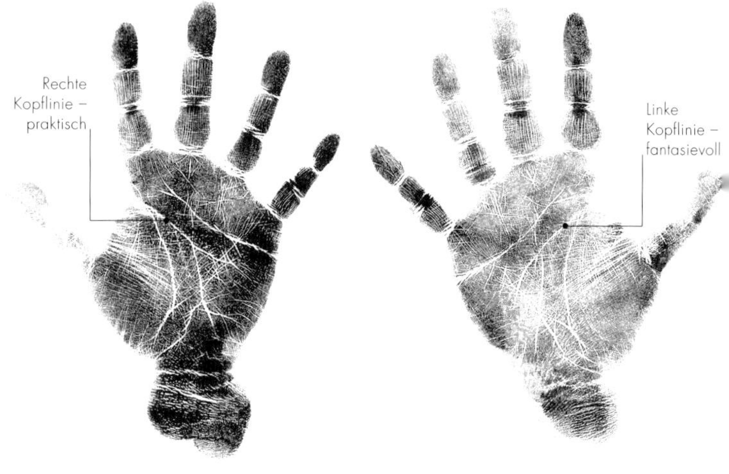

Unterschiedliche Kopflinien

Diese beiden Abdrücke zeigen die Hände einer Friseurin. Die linke Kopflinie verweist auf eine fantasievolle, aber nicht sehr praktische Art. Die rechte Kopflinie zeigt leicht nach oben. Das bedeutet, das die Besitzerin erkannt hat, dass sie ihren geistigen oder kreativen Ansatz auch praktisch umsetzen könnte. Daher entschied sie sich, selbstständig als Friseurin zu arbeiten. Wenn die Kopflinie nach oben weist, kann der Besitzer mit seinen persönlichen Fähigkeiten Geld verdienen.

Wenig Durchhaltevermögen

Ketten oder Wellen auf der Kopfline verweisen auf schwache Konzentrationsfähigkeit. Die Person lässt sich leicht ablenken. Sie sollte nicht nach verantwortungsvollen Positionen streben, weil sie selten etwas zu Ende bringt.

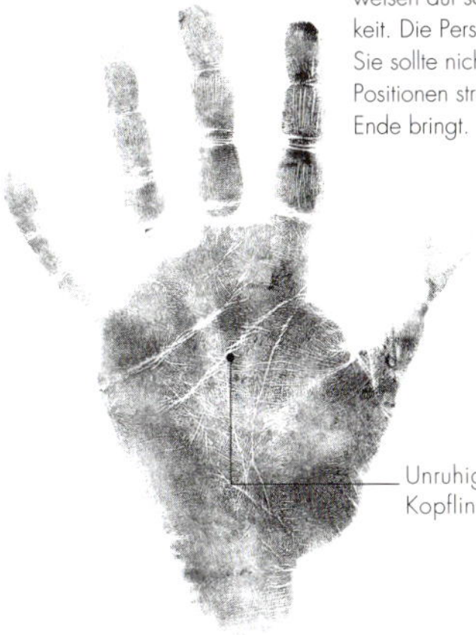

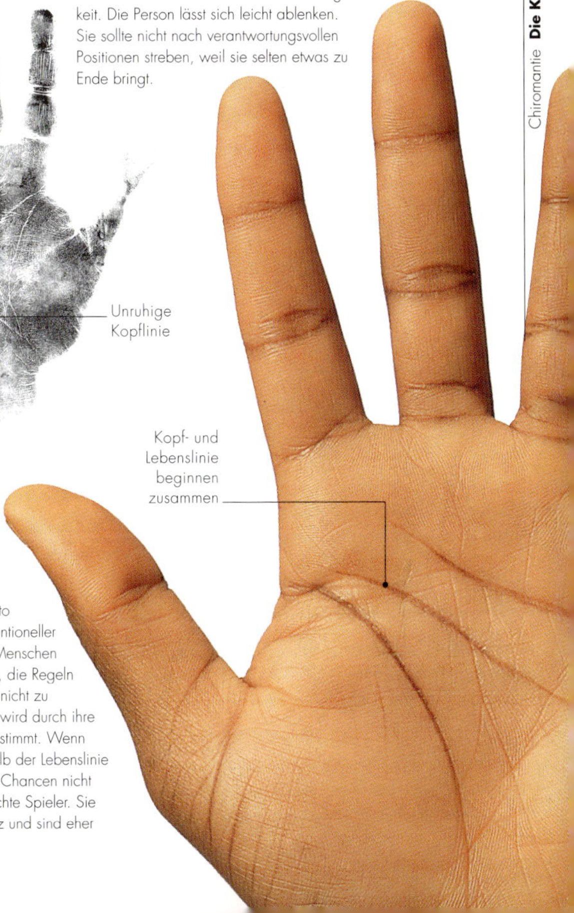

Konventionell

Je weiter der Beginn der Kopflinie an der Lebenslinie liegt, desto unsicherer und konventioneller ist der Geist. Diese Menschen könnten geneigt sein, die Regeln zu beugen, sie aber nicht zu brechen. Ihr Denken wird durch ihre emotionale Natur bestimmt. Wenn die Kopflinie innerhalb der Lebenslinie beginnt, nehmen sie Chancen nicht wahr und sind schlechte Spieler. Sie haben wenig Ehrgeiz und sind eher Mitläufer.

Die Kopflinie lesen

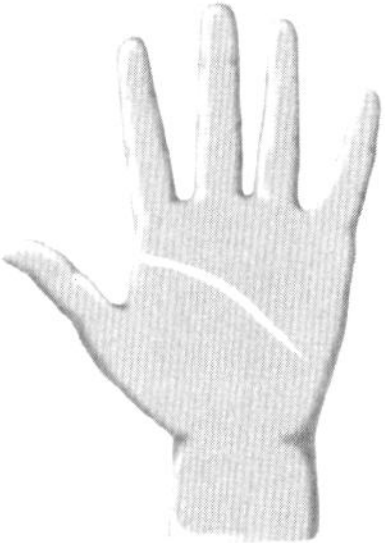

Fantasievoll
Eine Kopflinie, die bis auf den Mondberg reicht, enthüllt einen fantasievollen Geist.

Menschen mit einer tief eingeschnittenen Kopflinie lieben Schmeicheleien. Je tiefer die Linie ist, desto egoistischer ist die Natur. Eine weite Lücke zwischen dem Beginn der Kopf- und der Lebenslinie zeigt eine impulsive Natur. Diese Menschen sind ehrgeizig und können Pläne umsetzen, verärgern andere aber durch mangelndes Taktgefühl. Je länger und gleichmäßiger der rechteckige Raum zwischen Kopf- und Lebenslinie ist, desto mehr gesunden Menschenverstand zeigt die Person. Je breiter der Raum, desto praktischer, je schmaler, desto gefühlsbetonter ist ihr Charakter.

Kopflinie und Berge

Wenn die Kopflinie bis auf den Merkurberg reicht, ist das Wesen eher kalt. Gefühle werden aus Beziehungen herausgehalten. Ähnliches signalisiert eine Linie, die weit oberhalb der Mitte der Hand verläuft – persönlichen Beziehungen mangelt es an Wärme und Gefühl. Ist das an beiden Händen so, werden Emotionen geistigen Ansprüchen regelmäßig untergeordnet.

Wenn die Kopflinie weit nach unten in den Mondberg führt, hat die Person eine blühende Fantasie. Aber je tiefer die Linie reicht, desto weniger positiv sind die geistigen Fähigkeiten, vor allem wenn die Linie am Ende verblasst.

Inseln, Gabeln & Einflusslinien

Eine Insel auf der Kopflinie deutet auf eine Schwächung der gesamten Linie hin. Eine Gabel am Ende verweist auf kontrastreiche Elemente und einen aktiven Geist. Wenn die Gabel am Ende einer Linie erscheint, verfolgt der Besitzer evtl. zwei Karrieren gleichzeitig.

Einflusslinien, die von der Kopflinie nach oben zeigen, verweisen auf Bemühungen zur Verbesserung der Lage. Linien, die nach unten abfallen, deuten auf schlechte Entscheidungen und damit verbundene Verluste hin.

Eine am Ende verblassende Kopflinie zeigt lediglich Altersschwäche an. Menschen mit dieser Linie sollten sich darauf vorbereiten, kürzer zu treten und Verantwortung abzugeben. Die Hand weist auf nachlassende Energie im Alter hin und sie müssen lernen, damit zu leben. Wenn die Kopflinie stärker ist als die Lebenslinie, dominiert die intellektuelle Seite der Person.

Die Schriftstellergabel

Eine kleine oder kurze Gabel am Ende einer gegabelten Kopflinie, die leicht nach oben weist, heißt „Schriftstellergabel". Sie bezieht sich nicht nur auf das Schreiben, sondern auf alle kreativen Tätigkeiten. Wenn eine der Linien den Handrand erreicht, erlangt der Besitzer vielleicht internationale Anerkennung (Ruhm oder Schande).

Emotional

Eine tief eingeschnittene Herzlinie zeigt, dass die Person starke Gefühle hat.

DIE HERZLINIE

Die Linie des Herzens bestimmt unsere emotionalen Reaktionen und wie sie unseren Charakter und unsere Persönlichkeit formen. Sie zeigt auch den Gesundheitszustand der Gefäße und manchmal sogar Hör- oder Sehfehler an. Je weiter die Herzlinie gebogen ist, desto empfänglicher ist die Person für Gefühle. Je gerader die Linie, desto weniger flexibel ist sie. Eine leicht markierte Herzlinie könnte auf einen sehr sensiblen, aber scheuen Typen hinweisen.

Tief sitzende Herzlinie

Menschen – besonders jüngere – mit tief sitzender Herzlinie zeigen starke Gefühle im Umgang mit allem. Sie stehen in guter Verbindung zu ihrem Gefühlsleben und sind wesentlich empfänglicher als ältere Generationen.

Gefühlsbetonte Seite

Betrachten Sie die Herzlinie, um etwas über die gefühlsbetonte Seite der Person zu erfahren. Die körperliche Seite der Liebe und unsere Gefühle werden durch die Tiefe der Herzlinie gezeigt. Je weniger tief und gerader die Linie ist, desto weniger körperlich ausdrucksstark ist die Person.

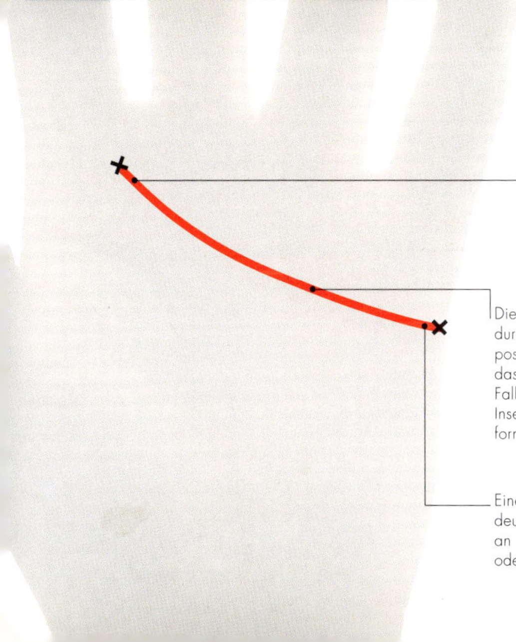

Die Herzlinie lesen

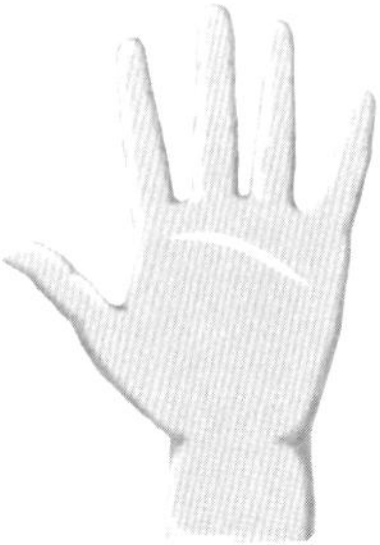

Eine kurze Herzlinie

Eine kurze, gerade, hoch sitzende Herzlinie kann auf eine kalte Natur verweisen.

Es gibt bei der Beurteilung dieser Linie zwei Denkschulen. Man war sich immer einig, dass sie am inneren Rand der Handfläche beginnt, wo auch die anderen Hauptlinien anfangen. Weil Emotionen instinktiv sind, gibt es aber auch Handleser, die meinen, dass die Herzlinie am äußeren Hand beginnen und dann bis zur anderen Seite verlaufen muss. Es gibt auch die Auffassung, dass die Linie aufgrund ihres Zweckes weder Anfang noch Ende haben kann. Weil die Linie oft mit einer Gabel beginnt, wohingegen die anderen beiden meist mit einer Gabelung enden, wird dies heiß diskutiert.

Die Herzlinie kann auf oder knapp unter dem Jupiterberg zwischen erstem und zweitem Finger beginnen oder im Hautmuster am Innenrand der Handfläche knapp über der Kopflinie. Sie kann auch auf dem Saturnberg beginnen und eine Gabel auf dem Berg unterhalb des Zeigefingers aufweisen.

Wenn die Herzlinie weit oben beginnt und verläuft, weist das auf einen Idealisten hin. Wenn sie sich gabelt und ein Zweig vom inneren Handflächenrand und der andere vom Jupitermond kommt, deutet es auf emotionale Anpassungsfähigkeit hin. Oft stammt bei einer Gabel ein Zweig vom Saturnberg und der andere vom inneren Rand der Hand. Dabei ist eine Linie tiefer als die andere. Wenn der stärkere Zweig vom Rand kommt, handelt es sich um eine stolze und ehrliche Natur. Umgekehrt weist eine stärkere Linie vom Saturnberg auf eine offene und praktische Einstellung hin. Man findet dies oft auf den Händen von Krankenpflegern.

Länge und Dichte

Sie kann dick, dünn, lang, kurz, mit Ketten oder mit Inseln versehen sein und sollte frei von Einflusszeichen sein, abgesehen von den kreuzenden Linien. Eine tiefe Linie verweist auf emotionalen Druck mit gesundheitlichen Schwierigkeiten. Aber diese Linie kann oft dunkler als die anderen beiden erscheinen. Andere Handzeichen zeigen dann, um welche Probleme es sich handelt.

Eine kurze, gerade, hoch sitzende Herzlinie verweist auf emotionale Kälte. Dies wird durch eine schmale Handfläche betont. Eine tief sitzende Herzlinie verweist auf viel Leidenschaft. Wenn die Kopflinie ebenfalls tief liegt, ist die Person auch besitzergreifend.

Die perfekte Herzlinie

Die perfekte Herzlinie beginnt unter dem ersten Finger und verläuft in einer Kurve bis zum inneren Handflächenrand. Dies bedeutet eine gesunde und ausgewogene emotionale Natur. Je tiefer die Linie in die Handfläche hineinragt, desto körperlicher drückt sich diese Natur aus. Eine höher liegende Linie verweist auf einen eher geistigen Ansatz.

DIE HERZLINIE

Oft ist die Herzlinie die dunkelste und tiefste in der Hand, was darauf hinweist, dass die Person ihren emotionalen Instinkten gehorcht, egal was der Intellekt und der gesunde Menschenverstand sagen. In diesem Fall gibt es oft kleine Einflusslinien, die in Richtung Kopflinie ragen. Je höher die Herzlinie liegt, desto weniger trifft dies zu.

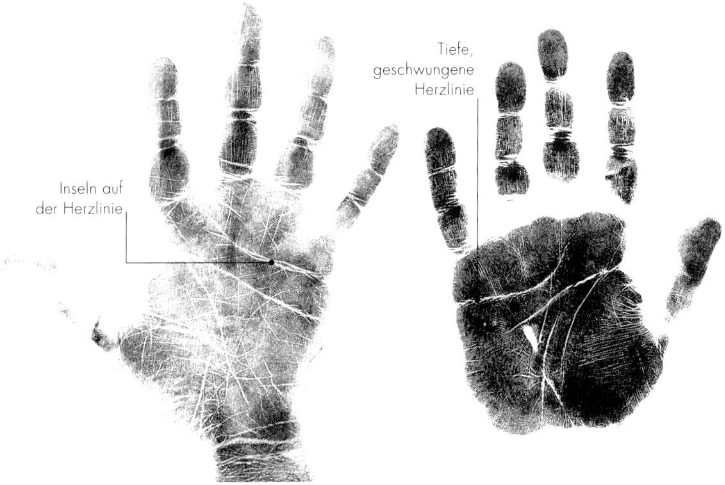

Inseln auf der Herzlinie

Eine Insel auf der Herzlinie unterhalb des Mittelfingers kann auf Hörprobleme hinweisen, eine Insel unterhalb des Ringfingers auf Sehschwierigkeiten. Inseln auf beiden Händen betonen die Probleme.

Tiefe, geschwungene Herzlinie

Je tiefer die Herzlinie in die Handfläche hineinragt, desto tiefere Gefühle hat die Person. Je gerader und höher die Linie verläuft, desto nüchterner ist der emotionale Ansatz.

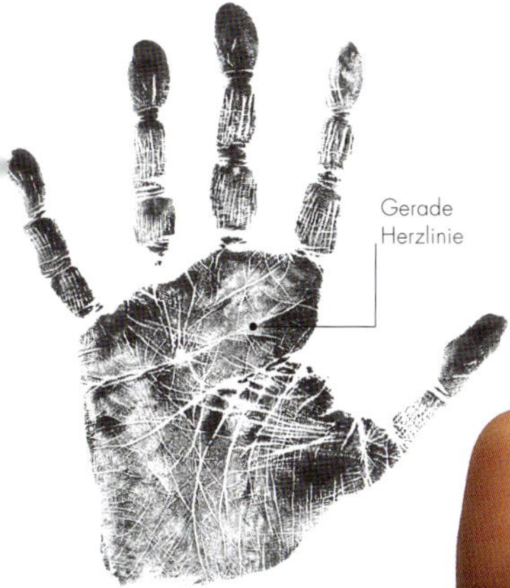

Emotionale Balance

Wenn die Herzlinie zwischen dem ersten und zweiten Finger beginnt, kann der Besitzer ein gesundes Gleichgewicht zwischen Idealismus und Praxis finden.

Gerade Herzlinie

Eine gerade Linie von der einen Handseite zur anderen ist ein sicheres Zeichen für eine besitzergreifende Art. Je tiefer die Linie verläuft, desto körperlich ausdrucksstärker, je höher die Linie, desto idealistischer ist die Person.

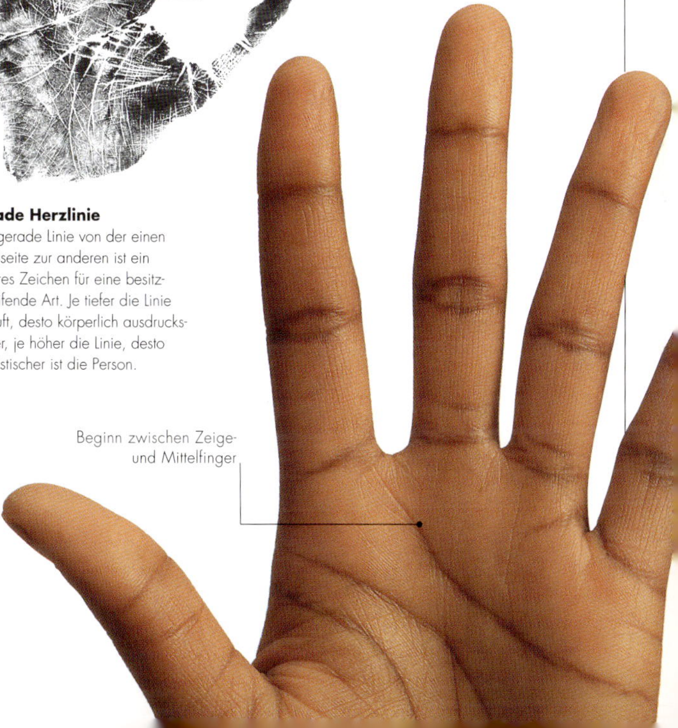

Die Herzlinie lesen

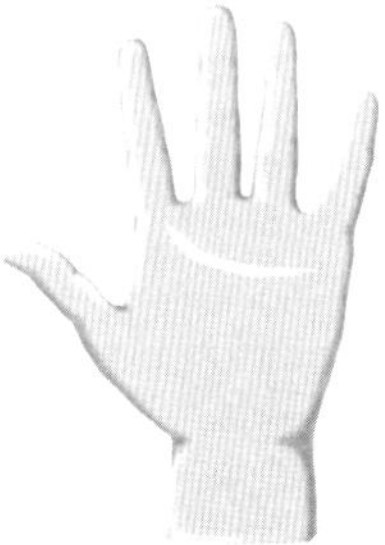

Empfänglich
Wenn die Linie tief in die Handfläche reicht, ist das Wesen warm.

Endet die Herzlinie am äußeren Rand unterhalb des Merkurbergs fast auf dem Marsberg, ist die Natur egoistisch, kalt und unversöhnlich.

Wenn alle drei Hauptlinien zu Beginn verbunden sind, weist das auf einen traumatischen Schock hin – ein Ereignis, das man nie vergisst.

Eine schwache Herzlinie verweist auf eine leidenschaftliche Einstellung; auf Menschen, die für körperliche statt für emotionale Erfüllung einiges auf sich nehmen. Sie sind ziemlich direkt, haben die Füße auf dem Boden der Tatsachen und einen hohen Selbstschutz. Trotzdem sind sie relativ offen und freundlich, aber bei Ärger kämpfen sie lieber für sich allein.

Eine Herzlinie mit tief liegendem Ansatz zwischen Daumen und Zeigefinger zeigt eine besitzergreifende Natur. Diese Personen nehmen keine Kritik von Menschen an, denen sie vertrauen, und es gestaltet sich als äußerst schwierig, sie doch dazu zu bewegen.

Menschen mit geraden Herzlinien sind nicht sehr warm und umgänglich, sondern scheu und schwer zu überzeugen. Die geschwungene Linie zeigt eine wärmere, offenere und freundlichere Natur.

Linke und rechte Hand

Man findet oft gewichtige Unterschiede zwischen den Herzlinien beider Hände. Eine tief eingeschnittene Linie in der linken Hand in Kombination mit einer praktischeren Linie rechts zeigt, dass die Person in einer früheren Beziehung verletzt wurde. Das Gegenteil verweist auf einen mitfühlenden Partner, der sie aus ihrer harten Schale gelockt hat. Geringe Unterschiede deuten auf einen zufriedenen Menschen hin.

Einflusslinien

Kleine Einflusslinien am Anfang der Linie verweisen auf ein unruhiges Wesen. Dieses kann insofern extreme Ausprägungen erreichen, als dass die Person Reisepläne nur um der Veränderung willen umwirft. Sie hat wenige wirklich enge Freunde, aber viele verschiedene Bekannte. Diese Menschen haben normalerweise wenig Allgemeinbildung, spielen aber Hans Dampf in allen Gassen und nehmen die Dinge so, wie sie kommen.

Gesundheit und Herzlinie

Zahn-, Hör- und Sehbeschwerden können auf dieser Linie gefunden werden. Eine kleine Linie unter dem Saturnfinger verweist auf Hörprobleme und Höhenangst. Eine Insel unter dem Apollofinger steht mit Augenproblemen in Verbindung. Drei oder vier vertikale Linien oberhalb der Herzlinie unter dem Merkurfinger können auf Zahnprobleme hinweisen.

Familienwerte

Ein Kind ohne Schicksalslinie auf beiden Händen braucht feste Führung durch die Eltern.

DIE SCHICKSALSLINIE

Die vielleicht wichtigste der Nebenlinien ist die Schicksalslinie. Man kann sie praktisch als eine vierte Hauptlinie deuten, denn ihr Fehlen ist ebenso wichtig wie ihre Untersuchung, wenn sie erkennbar ist. In jedem Fall sollten Sie dieser Linie so viel Aufmerksamkeit wie möglich schenken. Ihr Einfluss kann stark sein, auch wenn sie nicht vorhanden ist.

Volle Schicksalslinie

Die Schicksalslinie zeigt Verantwortungsgefühl und der Besitzer tut sein Bestes, um seiner Rolle gerecht zu werden. Das hilft ihm auch, seine gesellschaftliche Position zu sichern. Menschen mit voller Schicksalslinie sind aufrecht, ehrlich, direkt und verstehen ihre Rolle in der Gesellschaft. Oft arbeiten sie in Bereichen, in denen Präzision wichtig ist. Man findet nur selten in beiden Händen volle Schicksalslinien. Solche Menschen verfügen über ein intuitives Verständnis ihrer Umgebung. Dies beschränkt auch die Wünsche und Sehnsüchte der Person, die außerhalb ihrer Kontrolle liegen können.

Fehlende Schicksalslinie

Eine fehlende Schicksalslinie zeigt mangelnde Orientierung. Die Person ist unsicher und zeigt wenig Selbstbewusstsein oder Selbstachtung.

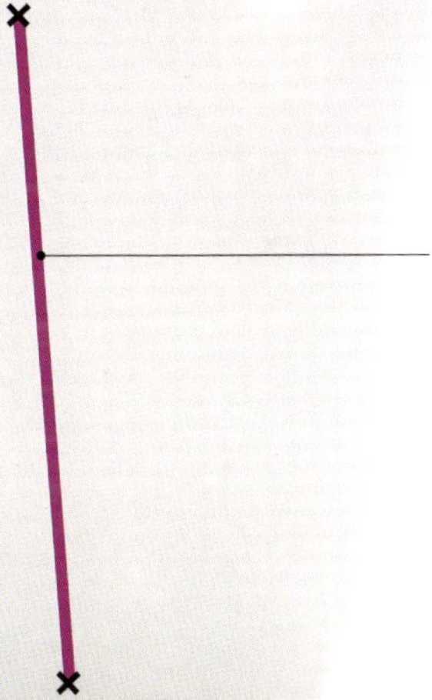

Die Schicksalslinie beginnt am Handgelenk und führt direkt zum Ansatz des Mittelfingers. Eine Variante dieses Verlaufs ist keine Schicksalslinie im eigentlichen Sinn, sondern ein durch mehrere verwandte Linien gebildeter „Ersatz" (Bewusstseins-, Geschicks-, Milieu- oder Pflichtlinie).

Die Schicksalslinie lesen

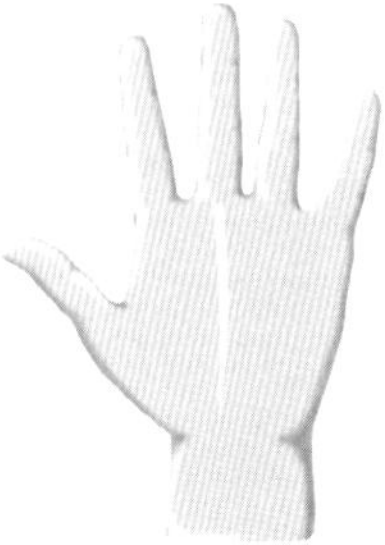

Vorhanden oder fehlt?
Die Schicksalslinie ist bedeutsam, egal ob sie präsent ist oder nicht.

Die Schicksalslinie ist wichtig, weil sie eng mit unserer allgemeinen Lebenseinstellung in Verbindung steht. Keine der Hauptlinien verfügt über diese besondere Qualität. Eine fehlende Kopf-, Herz- oder Lebenslinie hat keine besondere Bedeutung.

Wenn bei einem Kind an beiden Händen die Schicksalslinie fehlt, sollte es eher autoritär erzogen werden. Der Unterschied zwischen richtig und falsch sollte ihm früh vermittelt werden, um sicherzustellen, dass das Kind sein Leben nicht verschwendet.

Der Anfang der Schicksalslinie

Eine echte Schicksalslinie beginnt bei den Rascetten oder innerhalb der Lebenslinie am Venusberg, was sie streng genommen zu einer Pflichtlinie macht. Denn so lange sie innerhalb der Lebenslinie verläuft, unterwirft sich der Besitzer den Wünschen seiner Familie. Dann sollten Sie die Schicksalslinie dort untersuchen, wo sie die Lebenslinie verlässt. Wenn sie stärker aussieht, hat der Jugendliche den Wünschen der Familie entsprochen und macht jetzt das Beste aus seiner Karriere. Wenn die Schicksalslinie schwächer oder blasser wird, wurden Bemühungen später wieder aufgegeben. Manchmal beginnt eine neue Linie da, wo diese endet – eine starke Linie verweist auf Sicherheit und Versprechungen für das neue Vorhaben.

Beginnt die Schicksalslinie auf der Lebenslinie, deutet das auf Beschränkung in der ersten Lebensjahren hin. Die Person musste hart arbeiten, um etwas zu erreichen. Je höher die Linie ansetzt, desto später wird der Besitzer einer gewählten Richtung folgen.

Die Schicksalslinie kann auf dem Mondberg beginnen. Eine lange, klare Linie bis zum Ansatz des Mittelfingers verweist auf Unabhängigkeit und eine entschlossene Natur. Wahrscheinlich hängt die Karriere vom öffentlichen Erfolg ab.

Ein gegabelter Anfang verweist auf zwei Seiten des Ehrgeizes. Wenn ein Zweig vom Venusberg mit einer Linie vom Mondberg zusammentrifft, weiß die Person, was sie nach den Wünschen der Familie tun sollte. Die stärkere Linie zeigt, wer am Ende gewinnt.

Die Milieulinie

Die Milieulinie erscheint zwischen Lebens- und Schicksalslinie, stoppt aber vor der Kopflinie. Sie hält den Besitzer aufgrund von schlechter Gesundheit oder finanziellen Engpässen oder durch das Eingreifen von Dritten davon ab, sein Ziel zu erreichen.

Ereignisse datieren

Weitere Informationen zum Datieren von Ereignissen mithilfe der Schicksalslinie finden Sie auf S. 196.

DIE SCHICKSALSLINIE

Die Bedeutung der Schicksalslinie darf nicht unterschätzt werden, ob sie nun vorhanden ist oder nicht. Wenn sie nicht da ist, fehlt es der Person an Orientierung. Wenn sie vorhanden ist – meist findet man wenigstens einen Ansatz, egal ob kurz oder lang –, hat der Besitzer ein Ziel im Leben. Diese Linie sorgt für eine ausgewogene Einstellung. Je stärker sie ist, desto stärker ist die Selbstkontrolle. Falls sie nur schwach ausgeprägt ist, kann die Natur sprunghaft sein.

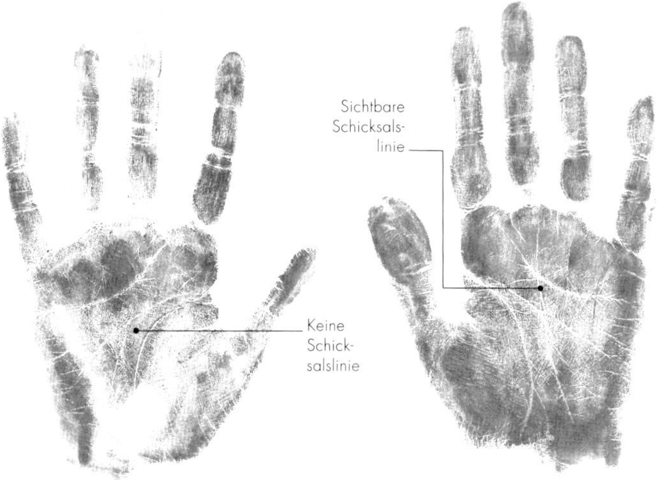

Links und rechts

Wenn man nur auf der rechten Hand eine Schicksalslinie findet, besitzt die Person die Fähigkeit, sich ständig zu verbessern. Ihre Eigeninitiative ist groß. Eine Schicksalslinie links zeigt Träume und Sehnsüchte, aber nur wenig Fähigkeit, sie zu verfolgen. Hier sieht man eine gut ausgeprägte Schicksalslinie in der rechten und keine in der linken Hand.

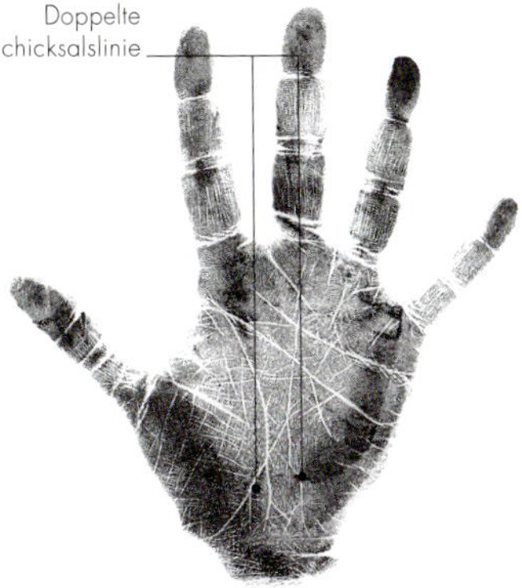

Doppelte Schicksalslinie
Hier gibt es zwei separate Schicksalslinien. Eine beginnt innerhalb der Lebenslinie, die andere am Mondberg. Die Lebensziele stammen aus der Kindheit (weil sie innerhalb der Lebenslinie beginnt) und ähneln sich (führen zusammen). Die Linie vom Mondberg zeigt Ehrgeiz, der umgesetzt werden kann, falls die Öffentlichkeit das Können der Person akzeptiert.

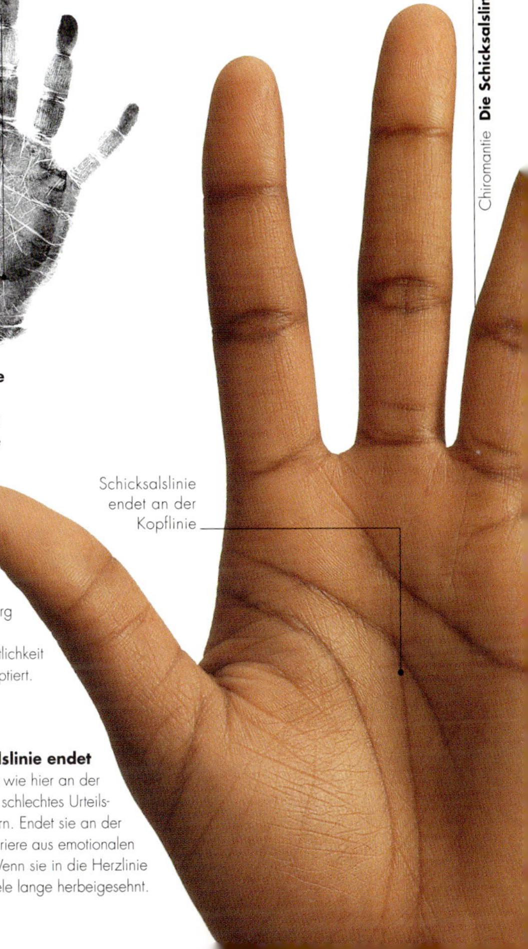

Wo die Schicksalslinie endet
Wenn die Schicksalslinie wie hier an der Kopflinie endet, verursacht schlechtes Urteilsvermögen ein Scheitern. Endet sie an der Herzlinie, wird die Karriere aus emotionalen Gründen beendet. Wenn sie in die Herzlinie mündet, wurden die Ziele lange herbeigesehnt.

Die Schicksalslinie lesen

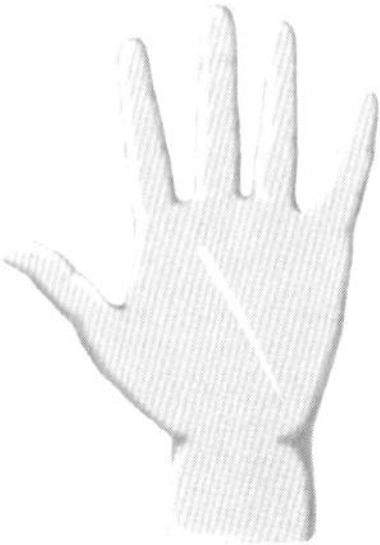

Variante
Diese kürzere Variante der Schicksalslinie beginnt am Mondberg.

Je klarer die Schicksalslinie ausgeprägt ist, desto wahrscheinlicher ist Erfolg, obwohl dieser nicht automatisch Ruhm und Geld bedeutet. Die Linie zeigt, wie viel innere Befriedigung die Person durch ihr Bemühen erreicht. Geld und Ruhm wären zusätzliches Glück. Wenn die Linie schwach beginnt und dann stärker wird, hatte der Besitzer einen schwachen Start, aber dann kam alles ins Rollen. Wenn die Schicksalslinie am Mondberg beginnt und zum Jupiterfinger verläuft, ist die Person sehr motiviert.

Gabeln und Zweige

Endet die Linie in vielen kleinen Zweigen, verzettelt sich der Besitzer, sodass nichts erreicht wird. Wenn sich die Schicksalslinie gabelt, zeigt manchmal ein Zweig zum Jupiterberg und der andere zum Saturnberg. Achten Sie auf den Beginn der Vergabelung. Wenn sie an der Kopflinie beginnt, verweist sie auf eine geschäftliche Angelegenheit, beginnt sie an der Herzlinie, zeigt sie eine gefühlsmäßige Veränderung an.

Traditionell ist ein Dreizack am Ende einer Linie ein sehr glückliches Zeichen, aber nur wenn die Linie die Herzlinie bereits passiert hat. Eine Schicksalslinie von der Handwurzel bis zum Mittelfinger weist auf einen Fatalisten hin. Alles läuft auf Pflichtgefühl hinaus. Das Leben verläuft in ausgetretenen Bahnen und er unternimmt keinen Ausbruchsversuch.

Erfüllte Sehnsucht

Linien, die verblassen und wieder auftauchen, verweisen auf starke und schwache Phasen. Beginnt die Schicksalslinie zwischen Kopf- und Herzlinie, kann der Besitzer lang gehegte Sehnsüchte endlich aktiv verfolgen. Wenn sie an der Herzlinie beginnt, hat er aus einem Hobby seinen Beruf gemacht. Suchen Sie im Hautmuster nach einer Bestätigung. Zwischen Jupiter- und Saturnfinger ragt eine klare Schleife in die Handfläche hinein, die darauf hinweist, dass lang gehegte Wünsche eines Tages Wirklichkeit werden könnten.

Beginnt die Schicksalslinie zwischen Herzlinie und Fingeransatz, ist der Anfang wichtig: Liegt er auf dem Jupiterberg, handelt es sich um berufliche Veränderung. Ein Anfang auf dem Saturnberg weist auf eine lang ersehnte Position hin, ein Beginn auf dem Merkurberg auf Kommunikatiion, abhängig von der Handform.

Zeit und die Schicksalslinie

Vorausgesetzt die Schicksalslinie beginnt an der Handwurzel und endet am MItteIfinger, kann man von einer zeitlichen Perspektive ausgehen. Man nimmt an, dass dort, wo die Schicksalslinie die Kopflinie kreuzt, etwa das 35. Lebensjahr liegt. Wo sie die Herzlinie kreuzt, liegt etwa das 50. Lebensjahr.

Konzentration
Menschen mit einer Simian-Linie bündeln ihre Energie zu einem konzentrierten Angriff auf die gegenwärtige Aufgabe.

SIMIAN- UND SYDNEY-LINIE

Die Simian-Linie wird gebildet, wenn sich Kopf- und Herzlinie vereinigen und eine einzige Linie formen, die über den oberen Teil der Handfläche verläuft. Wenn die Linie immer schon vorhanden war, ist sie ziemlich eindeutig. Wenn aber zuerst zwei separate Linien da waren, die später zusammenwuchsen, sieht diese neue Linie oftmals bruchstückhaft aus. Die Sydney-Linie erscheint, wenn die Kopflinie als eine gerade Linie über die gesamte Handfläche reicht und diese zweizuteilen scheint.

Siegertypen
Menschen mit einer Simian-Linie sind zwanghaft: Sie müssen Erfolg haben, sie müssen gewinnen und sie dürfen von ihren Zielen niemals abgelenkt werden. Sie interessiert nichts außer dem Erreichen ihres gegenwärtigen Ziels. Dabei muss es sich um nichts Großartiges handeln. Wenn ein Brief geschrieben werden soll, muss dies jetzt geschehen. Es könnte sich auch um einen Einkaufsbummel oder eine Reise handeln – jedes Ziel erhält eine übertriebene Bedeutung.

Verrückt nach Kontrolle

Menschen mit einer Sydney-Linie verfügen über große geistige Kontrolle und lassen sich nicht von ihren Gefühlen mitreißen, wenn es darum geht, ein Ziel zu erreichen Wenn diese Linie in beiden Händen erscheint, ist der Besitzer besonders rücksichtslos und schreckt beim Verfolgen seiner Ziele vor nichts zurück.

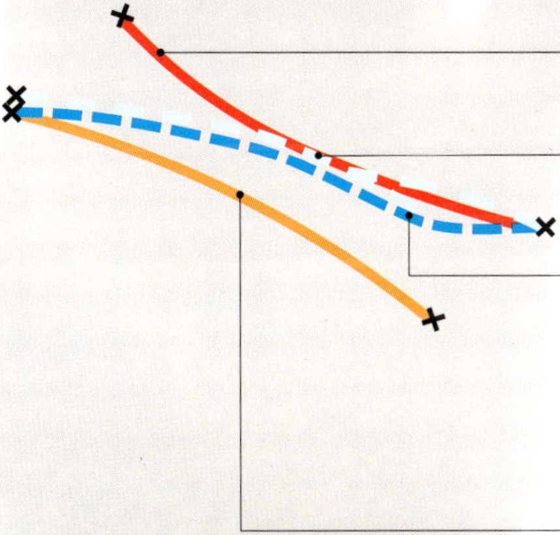

Normaler Verlauf der Herzlinie

Sydney-Linie: die Kopflinie zweiteilt die Handfläche

Simian-Linie: Wenn sich die beiden großen Einflüsse von Geist und Gefühl zu einer Linie vereinigen, führt das logischerweise zu besonderer Zielstrebigkeit – zum Guten oder zum Bösen.

Normaler Verlauf der Kopflinie

Die Simian- und Sydney-Linien lesen

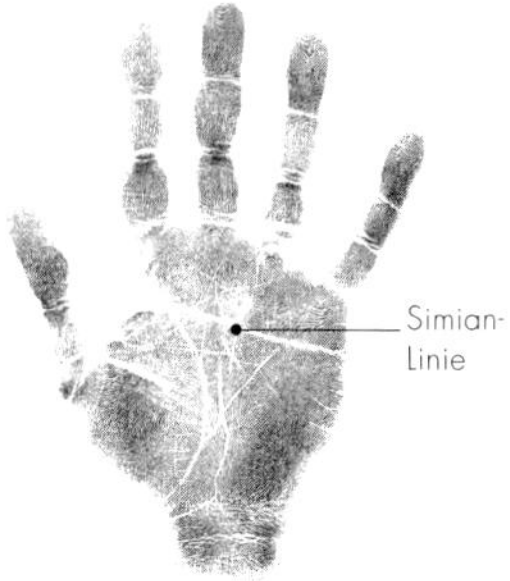

Perfekt
Diese Hand zeigt eine vollkommene Simian-Linie.

Die Simian-Linie

Auch intelligente Menschen werden machthungrig, wenn sie diese Linie besitzen. Aus einer Laune heraus lassen sie sich so sehr davon einnehmen, ein Ziel zu erreichen, dass nichts und niemand sie davon abhalten kann. Sie können ihre Fähigkeiten nicht angemessen lenken.

Sie verfügen über Zielstrebigkeit, wirken fremd und man spürt ihre Fähigkeit, Kontrolle auszuüben, immer richtig zu liegen und nie Fehler zu machen. Sie halten sich an Fakten, nicht an Wahrscheinlichkeiten. Sie legen jede gesellschaftliche Höflichkeit ab und werden zu effizienten Maschinen. Beliebtheit ist das Letzte, wonach sie streben.

Wenn die Simian-Linie tief in der Handfläche liegt, ist die emotionale Seite der Person schlecht kontrolliert, wenn sie weiter oben liegt, ist der Intellekt dominanter. Ist die Linie zu Beginn ziemlich dick, ist die Persönlichkeit kalt und berechnend. Wenn sie am äußeren Handrand tiefer eingeschnitten ist, sind die Emotionen instinktiv. Eine gerade, dicke Linie, die quer über die Handfläche führt, zeigt eine egoistische und materialistische Natur. Eine dünnere, weniger tiefe Linie verweist auf eine höchst sensible Natur und natürliche Intuitionsgabe. Die Reaktionen sind schnell, spiegeln aber immer die egoistische Seite der Person. Diese Menschen sind oft ruhelos und können nicht lange still sitzen.

Die Sydney-Linie

Diese verweist auf Menschen, die alle Emotionen aus ihrem Leben ausschalten und kalt und präzise funktionieren können. Eine Sydney-Linie in beiden Händen zeigt, dass die geistige Kontrolle außergewöhnlich ist. Diese Menschen sind bereit, alles für einen Sieg zu opfern. In der linken Hand allein verweist die Linie auf Menschen, die Kritik oder Zurückweisung nicht akzeptieren können. Allerdings haben sie ein gutes Gedächtnis – sie vergessen oder vergeben kein noch so kleines Vergehen. Eine Sydney-Linie in der rechten Hand allein deutet auf einen egoistischen Menschen hin, der sehr stolz auf die eigene Leistung ist und keine HIlfe annimmt. Auch er kontrolliert sein emotionales Leben stark.

Keine halben Sachen

Menschen mit einer Simian-Linie lieben oder hassen mit gleicher Intensität. Seien Sie sich Ihrer Sache sicher, wenn Sie sich gegen sie stellen.

DIE MERKURLINIE

Die Merkurlinie hat viele Namen: Gesundheitslinie oder Hepatica, Leberlinie, Linie des Magens und seit neuestem auch Geschäftslinie. Anfänger in der Handlesekunst verwechseln sie leicht mit der Linie der Intuition. Wenn sie in der Hand vorhanden ist – egal wie stark oder schwach –, liegt sie hauptsächlich in der unbewussten oder passiven Gegend und verweist auf ein inneres Gefühl für Gesundheit im weiteren Sinn.

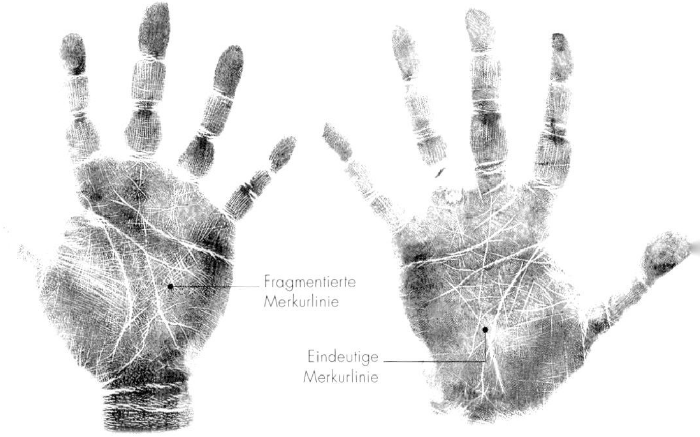

Schlecht geformte Merkurlinie
Diese Hand zeigt eine schlecht geformte Merkurlinie. Der tatsächliche Verlauf spielt keine Rolle, denn jeder mit Merkurlinie ist gesundheitsbewusst, manchmal sogar hypochondrisch veranlagt.

Gut geformte Merkurlinie
Zweigt die Merkurlinie von der Lebenslinie ab, beschäftigt sich die Person mit Ernährung und Gesundheit. Sie nimmt nicht gern Medikamente, sondern leidet lieber unter z. B. Kopfschmerzen.

Gabel zu Beginn

Zwei oder mehr Anfänge dieser Linie sind nicht ungewöhnlich. Hier zeigt der untere ein Bedürfnis, die tägliche Ernährung zu beobachten, der obere eine recht pingelige Einstellung zur Hygiene. Der höher liegende Beginn bezieht sich auch auf einen guten Geschäftssinn.

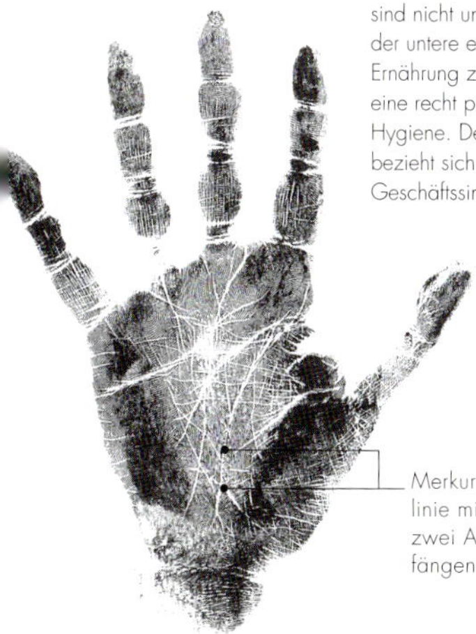

Gesundheitslinie

Der Besitzer dieser Linie könnte eine chronische Schwäche oder ein wiederkehrendes Gesundheitsproblem haben. Er lebt gesundheits- und ernährungsbewusst. Vielleicht sind ihm auch persönliche Hygiene oder Fitnessübungen wichtig. Es könnte sich auch um einen leichten Fall von Hypochondrie handeln. Es ist besser, diese Linie nicht zu finden, denn dann bestehen keine Sorgen um die Gesundheit.

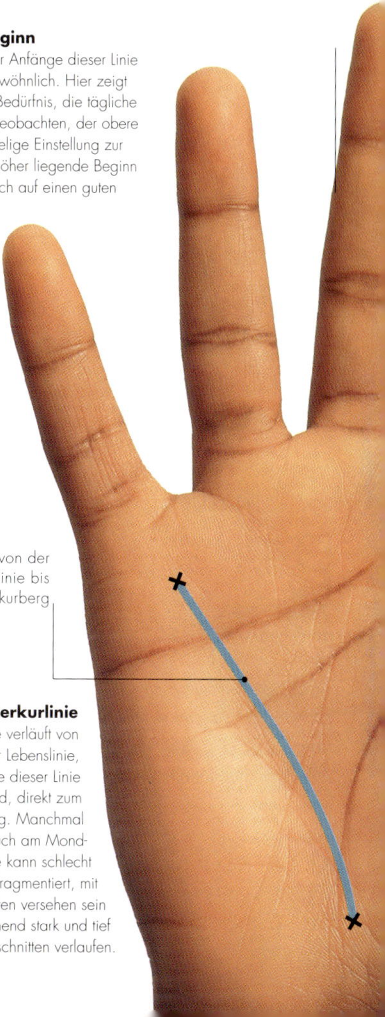

Echte Merkurlinie

Die Merkurlinie verläuft von innerhalb der Lebenslinie, an oder nahe dieser Linie beginnend, direkt zum Merkurberg. Manchmal beginnt sie auch am Mondberg. Sie kann schlecht ausgebildet, fragmentiert, mit Inseln oder Ketten versehen sein oder durchgehend stark und tief eingeschnitten verlaufen.

Die Merkurlinie lesen

Lang und gerade

Eine lange, gerade Merkurlinie kann Selbsttäuschung oder Hemmungen bedeuten.

Beginnt die Merkurlinie am Venusberg innerhalb der Lebenslinie, macht sich die Person immer Sorgen. Sie könnte an einer Schwäche des Verdauungssystems leiden und eine Tendenz haben, Arzneimittel oder Vitamine regelmäßig zu sich zu nehmen oder sie ganz zu meiden.

Wenn die Hand auch eine Allergielinie (siehe S. 134) aufweist, leidet die Person an echten oder eingebildeten Allergien. Manche haben jede erdenkliche Krankheit gehabt. Gespräche über Gesundheit und Leiden erfüllen diese Menschen.

Die Geschäftslinie

Wenn die Merkurlinie in der zentralen Marszone beginnt und die Lebenslinie nicht berührt, ist eine Abneigung gegen Tabletten und Schmerzmittel nicht so offensichtlich. Die Linie sollte als Geschäftslinie interpretiert werden. Industrie und Handel jeder Art ziehen die Besitzer an. Die Handform gibt Auskunft über die Hauptinteressen.

Diese Menschen scheinen einen natürlichen Sinn für Geld zu haben. Oft ist dies das Zeichen eines guten Verkäufers, der Trends interpretieren kann und weiß, wann und wie man die Chance nutzt, Geld zu verdienen.

Wenn die Merkurlinie so lang ist, dass sie die Kopflinie kreuzt, verweisen Einflusslinien zwischen den beiden oft auf ein Interesse am Okkulten. Der Rest der Hand zeigt, wie dies zu interpretieren ist. Sollte die Linie brechen, wenn sie durch die Kopflinie führt, beschäftigen den Besitzer viele verschiedene Interessen. Ein Vorliebe für Rituale und formale Prozeduren könnte vorliegen. Wenn diese Linie eine Reihe kleiner

Segmente hat, welche die Kopflinie auf dem Mondberg kreuzen, kennt die Fantasie keine Grenzen. Ist die Kopflinie gegabelt und führt die Merkurlinie durch beide Zweige, ist die Person übersensibel und sorgt sich um alles und jeden. Bei einer leeren Hand ist das nicht allzu schlimm, aber bei einer vollen Hand ist die nervöse Energie des Besitzers bald erschöpft und gesundheitliche Probleme setzen ein. Diese Menschen müssen immer genug Ruhezeiten haben.

Wenn die Merkurlinie an der Kopflinie selbst beginnt, ist der Geschäftssinn zwar weniger instinktiv, basiert dafür aber mehr auf Fakten und Zahlen. Kreuzt die Linie die Herzlinie und berührt sie eine der kleinen, vertikalen Linien, die seitlich des Merkurbergs verlaufen, interessiert sich die Person für die Heilkunst.

Händchen für das Geschäft

Ein Büro mit Computer, Internetzugang, einem Faxgerät und einem Scanner ist das zweite Zuhause dieser geborenen Geschäftsleute.

VENUSGÜRTEL UND VIA LASCIVA

Der Venusgürtel ist eine kleine gebogene Linie oder eine Serie unterbrochener Linien, die von einer Stelle auf dem Jupiterberg bis zum Apollo- und/oder Merkurberg über der Herzlinie verläuft. Die Via lasciva ist eine kleine horizontale oder gebogene Linie, welche die Füße von Mond- und Venusberg verbindet. Beide stehen in Relation zur Sensibilität des Besitzers.

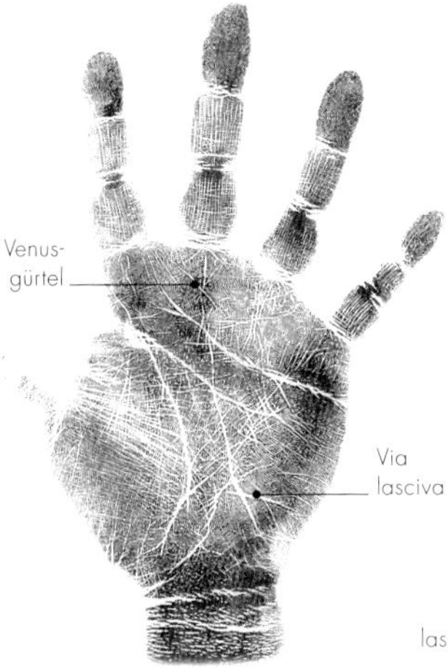

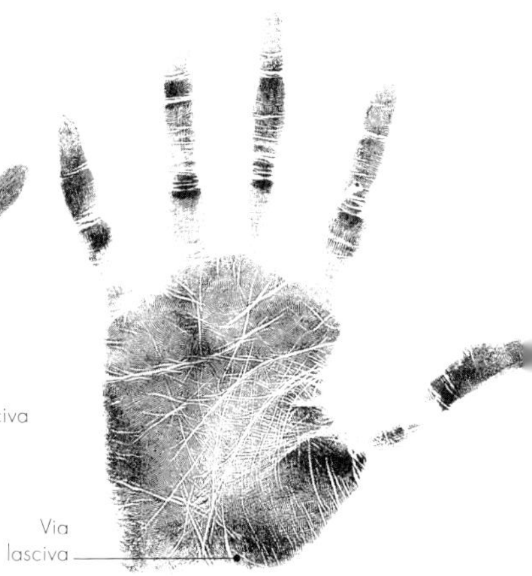

Beide Linien in einer Hand
Dieser Handabdruck zeigt sowohl Venusgürtel als auch Via lasciva. Zusammen können sie zerstörerisch wirken, wenn der Besitzer persönliche Kontrolle verliert oder vermissen lässt.

Via Lasciva
Diese Linie betont das körperliche Bedürfnis für Reiz. Der Besitzer muss Gelegenheit finden, von Zeit zu Zeit Dampf abzulassen. Eine gerade Linie könnte auch eine Allergielinie sein.

Emotional und körperlich

Der Venusgürtel verweist auf emotionale Empfindsamkeit und die Via lasciva zeigt das Maß körperlicher Empfindlichkeit. Eigentlich haben sie nichts miteinander zu tun, aber sie scheinen oft zusammenzuarbeiten, wenn beide in einer Hand auftreten. Sie können beide in einer oder beiden Händen auftreten, in nur einer Hand oder in keiner.

Venusgürtel und Via lasciva

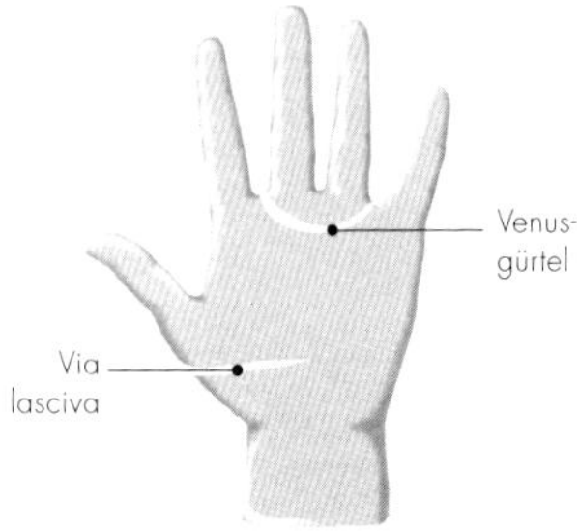

Flirtfreudig

Ein ungebrochener Venusgürtel verweist auf einen flirtfreudigen Menschen.

Der Venusgürtel

Der Venusgürtel verläuft im oberen Teil der Handfläche zwischen dem ersten und vierten Berg in einer einzigen oder gebrochenen Linie und kann mit Ketten- oder Inselmustern versehen sowie kurz oder lang sein. Er ist ein Maßstab für Sensibilität, weil er im oberen, emotionalen Teil der Hand liegt. Eine ununterbrochene Linie ohne Markierungen oder Fehler weist auf emotionalen Tumult und Unbeständigkeit in sexuellen oder Liebesangelegenheiten hin. Insgesamt hat die Person eine gesunde Einstellung und eine aufgeschlossene Art, lässt sich aber leicht in Versuchung führen, ist indiskret, flirtet gern und fordert das Schicksal ständig durch unrealistische Beziehungen heraus. An einer konischen Hand ist er ein Zeichen dafür, dass die Person zu viele sinnliche Reize braucht. An einer rechteckigen Hand zeigt er an, dass der Besitzer Furcht empfindet. An einer spatelförmigen Hand verweist er auf zu viel nervöse Energie, die den Besitzer ständig neue Eroberungen suchen lässt. An einer philosophischen Hand zeigt er, dass der Besitzer Kontrollverlust erleidet. Der Typ mit gemischter Handform kann nicht lange ruhig sein und tratscht, spielt oder trinkt, braucht Drogen oder Sex. Die einfache Hand hat selten einen Venusgürtel. Falls doch, ist die Person leicht übellaunig. Bei fragmentierter Linie ist die Intensität deutlich gemildert. Eine kurze Linie zeigt Kontrolle über eine dennoch sehr empfindliche Natur.

Die Via lasciva

Die kleine gebogene Linie verbindet Venus- und Mondberg. Wie der Venusgürtel kann sie fragmentiert, ausgefranst, kurz oder lang sowie mit Ketten- oder Inselformationen versehen sein. Tatsächlich ist diese Linie oft so unterschiedlich, dass sie übersehen oder als kleineres Einflusszeichen gewertet wird.

Ist die Linie eine einfache Brücke zwischen den Bergen, sehnt sich der Besitzer nach körperlicher Stimulation gegen Langeweile. Diese Menschen probieren alles aus – auch zweimal. Wenn die Linie am Venusberg beginnt und sich bis zum Mondberg windet, sieht die Person körperliche Exzesse als normal an. In einer weichen rechteckigen oder runden Hand zeigt sie, dass der Besitzer die Risiken in Kauf nimmt.

Explosive Mischung

Erscheinen die Linien in einer Hand, kommt das einer Explosion gleich. Eine feste Hand mildert die Probleme, eine weiche verschlimmert sie.

DIE SONNENLINIE

Die Sonnen- oder Apollolinie ist eine Schwesterlinie der Schicksalsline, die überall beginnen kann, aber immer bis zum Ansatz des Ringfingers verläuft. In der Regel beginnt sie an der Kopflinie oder zwischen Kopf- und Herzlinie. Sie kann aber auch an der Herzlinie oder kurz darüber beginnen. Sie kann mit zwei kurzen Gabeln beginnen und ebenso oder im Dreizack enden.

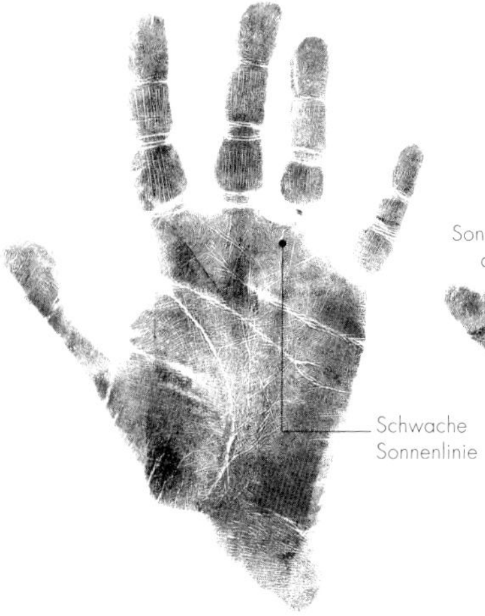

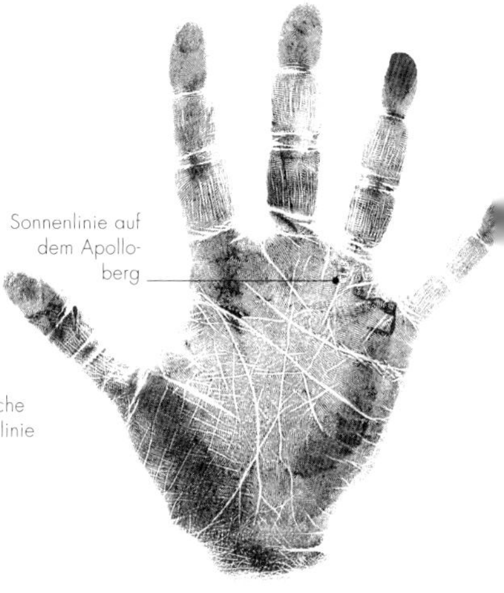

Hilfsbereit

Die nur leicht eingeschnittene Sonnenlinie weist auf eine glückliche innere Natur hin, auf jemanden, der anderen gerne einen Gefallen tut, wenn er darum gebeten und wenn ihm nachher ordentlich gedankt wird.

Praktischer Typ

Die Kopf- und Herzlinien liegen so, dass sie auf eine praktische und bodenständige Einstellung zum Leben verweisen. Diese Person bringt nichts so leicht aus der Ruhe und die Sonnenlinie spiegelt diese Einstellung wider.

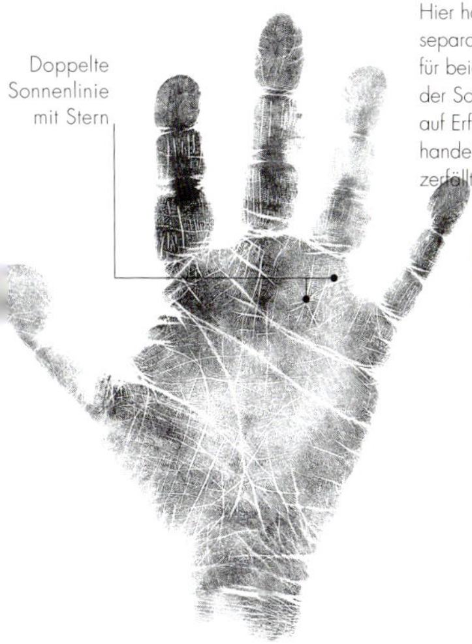

Doppelte Sonnenlinie

Hier hat der Besitzer zwei separate Interessen und Talent für beide. Ein Stern auf einer der Sonnenlinien verweist auf auf Erfolg, der vorsichtig behandelt werden muss, sonst zerfällt alles wieder.

Die Erfolgslinie

Lange Zeit bedeutete diese Linie Erfolg, Ruhm und Reichtum. Außerdem wurde sie als Zeichen innerer Zufriedenheit angesehen. Dem Besitzer war sozusagen ein langes und glückliches Leben sicher. Dies ist aber falsch. Wenn man diese Linie findet, gibt es immer eine Neigung zu harter Arbeit. Diese Menschen können führen und verdienen sich leicht die Achtung anderer – einschließlich der Gegner.

Volle Sonnenlinie

Die volle Sonnenlinie kann von der Handwurzel bis zum Ansatz des Ringfingers reichen. Dies ist aber selten. Meistens beginnt sie an der Kopflinie, der Herzlinie oder dazwischen.

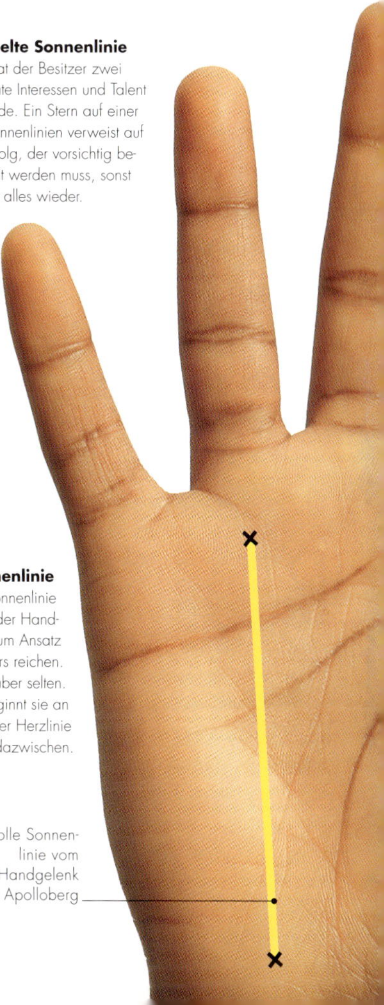

Die Sonnenlinie lesen

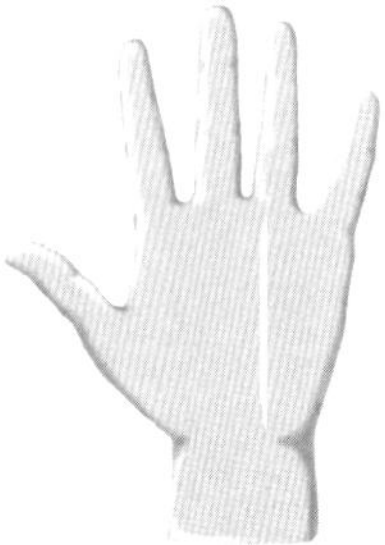

Harte Arbeit

Menschen mit voller Sonnenlinie arbeiten hart, um ihre Lebensziele zu erreichen.

Beginnt die Sonnenlinie am Handgelenk und läuft bis zum Apolloberg, muss die Person für ihre Ziele hart arbeiten. Jede Belohnung muss erarbeitet werden und ergibt sich nicht selbstverständlich.

Wenn die Sonnenlinie innerhalb der Lebenslinie oder auf dem Venusberg beginnt, erfährt der Besitzer familiäre Unterstützung. Wenn sie auf oder kurz neben der Lebenslinie beginnt, befinden sich Menschen mit dem nötigen Einfluss immer einen Schritt hinter der Person. Eine Linie vom Neptunberg vermittelt Beratergeschick. Solche Menschen haben Talent im Umgang mit anderen, agieren als Vermittler oder hören nur zu, wenn sich andere aussprechen.

Eine Sonnenlinie, die am Mondberg beginnt, ermöglicht der Person eine Karriere als Entertainer oder Politiker. Beide brauchen öffentliche Anerkennung und ständigen Ehrgeiz, um an der Spitze zu bleiben.

Eine Gabel zu Beginn der Linie ist ein zweischneidiges Schwert. Stehen diese Menschen nicht im Rampenlicht, verfolgen sie eben ein anderes Ziel.

Wenn die Sonnenlinie an der Kopflinie beginnt, ergibt sich besondere Entschlossenheit aus dem Bedürfnis nach Erfolg. In vielen Fällen gewinnt dieser Spätstarter eher als diejenigen, die früher begannen. Wenn die Linie an der Kopflinie endet, deutet sie Unheil an, von dem sich die Person niemals richtig erholen wird.

Wenn die Sonnenlinie an der Herzlinie beginnt, wird die harte Arbeit durch emotionalen Antrieb unterstützt. Das verweist darauf, dass es sich bei allen Bemühungen um Arbeit ohne große Hilfe von außen handelt. Endet die Sonnen- an der Herzlinie, könnte die Person in Ungnade fallen und Besitz, Prestige, Ehre und ihren guten Namen verlieren. Der Grund hierfür ist oft emotionaler Natur. Wenn Sonnen- und Schicksalslinie verschmelzen, erreicht die Person alle Ziele, aber nur durch harte Arbeit.

Keine Sonnenlinie

Eine Hand ohne Sonnenlinie verweist auf die Unfähigkeit, persönliche Grenzen zu erkennen oder zu verstehen. Diese Menschen fühlen sich in Bezug auf jeden Schaden immun und können oder wollen nicht einsehen, dass sie scheitern können. Manchmal findet man viele Sonnenlinien in einer Hand, was auf einen Menschen mit vielen Talenten hinweist.

Sonniger Charakter

Menschen mit einer Sonnenlinie haben meist eine fröhliche Art, siehe S. 178–181.

DIE VIER RINGE

Bis vor kurzem haben Handleser nur den Ring Salomons – die kleine kreisförmige Linie auf dem Berg des Zeigefingers – beachtet. Im Fernen Osten nahm man immer an, dass dieser Ring Pflicht- und Verantwortungsgefühl sowie Achtung vor Gesetz und Ordnung mit sich bringt. Die Ringe von Saturn, Apollo und Merkur sieht man nur selten, aber wenn sie erscheinen, muss man ihren Einfluss auf das ganze Wesen beachten.

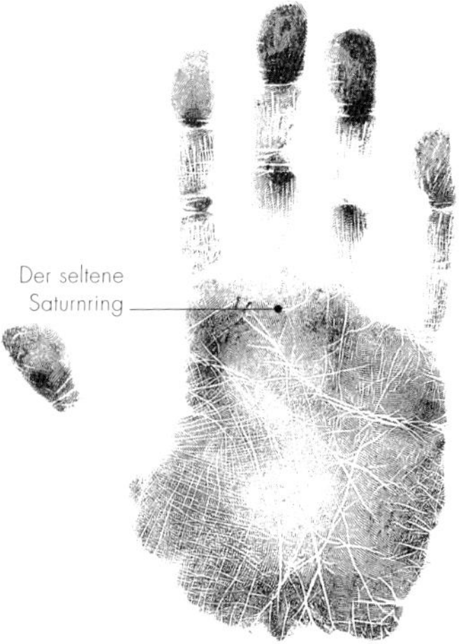

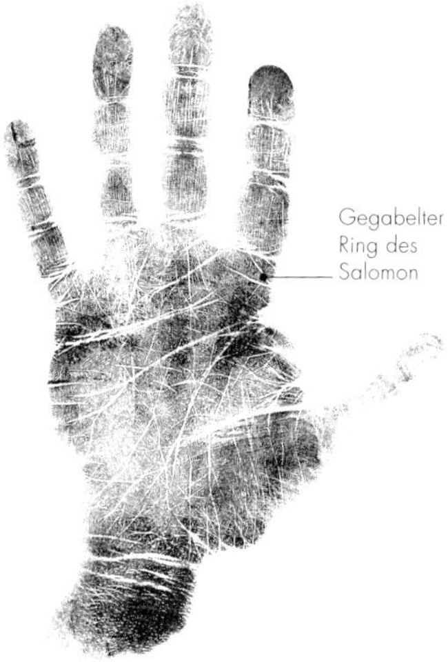

Ring des Saturn

Dieser Ring spricht dem Besitzer einen ausgeglichenen Charakter ab. Diese Menschen scheitern ständig an ihren Vorhaben, weil sie mit niemandem am Arbeitsplatz zurechtzukommen scheinen.

Gegabelter Ring des Salomon

Wenn dieser in einer eindeutigen Linie über den Berg verläuft, weist er auf die Fähigkeit zu lehren hin. Der gegabelte Ring hier zeigt pädagogische Begabung in zwei Bereichen.

Ring des Salomon

Der Ring des Salomon kreuzt den Jupiterberg meist von der Innenseite der Hand bis zum Rand des Hautmusters zwischen erstem und zweitem Finger. Er umkreist nicht wie die anderen Ringe den Ansatz des Fingers, sondern liegt über dem Berg.

Saturnring

Der Saturnring ist selten und manifestiert sich meist als gebrochene Linie, die den Ansatz des Mittelfingers weit oben am Berg umkreist.

Apolloring

Der Apolloring ist eine Linie, die oben auf dem Berg kurz unterhalb des Ringfingeransatzes verläuft.

Merkurring

Der Merkurring läuft um den Ansatz des kleinen Fingers, oft in gebrochener Form.

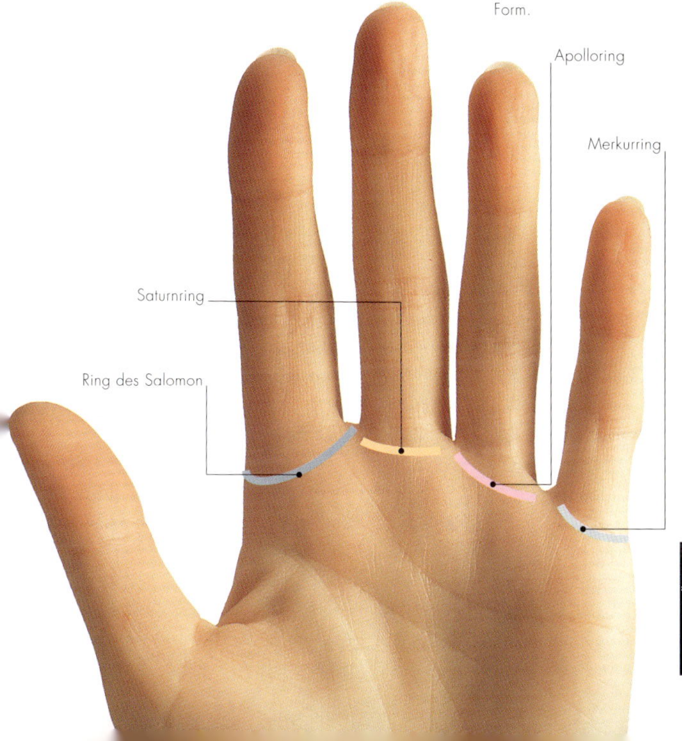

Die vier Ringe lesen

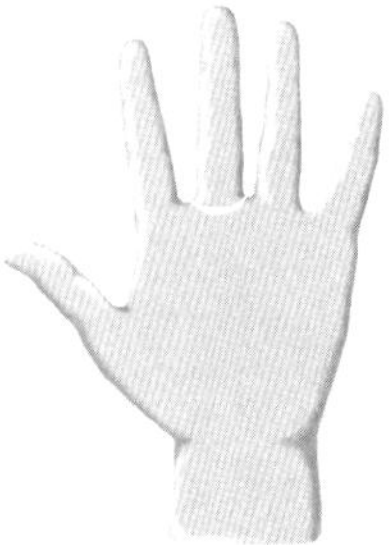

Saturnring
Diese Menschen lernt man schwer kennen, denn sie vertrauen anderen nicht leicht.

Der Ring des Salomon

Diese Menschen sind gute Berater, weil sie wissen, wie sie ihre Botschaft vermitteln können. Sie haben eine natürliche Autorität aufgrund ihres Wissens, die andere dazu bringt, ihnen zuzuhören. Wenn diese Linie Teil eines kleinen, aber klaren Rechtecks auf dem Berg ist, wird die pädagogische Fähigkeit betont.

Eine gut geformte Linie verweist auf sozialen Status, Prestige und Würde. Menschen mit dieser Zeichnung werden oft Richter oder Politiker. Sie verfügen über ein tiefes Verständnis für Menschen und über natürliche Empathie. Erfolgreiche Psychologen und Seelsorger haben diese Linie oft.

Eine fragmentierte Linie quer über dem Berg verweist auf einen einfachen, körperlichen Ansatz. Der Mensch hat eine sinnliche Natur, liebt Essen und Trinken sowie körperlichen Genuss.

Der Saturnring

Der Saturnring ist ein sehr seltenes und generell unglückliches Zeichen. Er verweist auf einen Mangel an Spontaneität und soziale Schwierigkeiten und ist das typische Kennzeichen eines einsamen Wolfes.

Der Apolloring

Dies ist ein weiteres ungewöhnliches Zeichen. Wenn der Ring gut geformt und ungebrochen ist, ist die Person für ihr kreatives und künstlerisches Talent, vor allem in der Unterhaltungsbranche, bekannt. Sie gehört zu den besonderen Menschen, die weit über allen anderen stehen. Wenn sie fallen, verlieren sie allerdings alles, wofür sie standen, und werden meistens geächtet. Ein fragmentierter oder schlecht geformter Apolloring zeigt schlechten Geschmack und eine schwache Selbstdarstellung.

Der Merkurring

Der Merkurring kommt sehr selten vor. Traditionell wird er als Erkennungszeichen für einen überzeugten und/oder ewigen Single gesehen. Diese Menschen haben einfach kein Bedürfnis, zu heiraten oder mit einem Partner des anderen Geschlechts zu leben. Dies ist keineswegs ein Zeichen von Homosexualität – sie kommen einfach nicht miteinander aus.

Auf den Händen von Geschäftsleuten vermittelt der Merkurring kommerziellen Scharfsinn und den Ehrgeiz, Macht und Reichtum zu erlangen – oft zum Nachteil anderer.

Zwielichtige Geschäfte

Ein fragmentierter Merkurring zeigt eine Veranlagung, in zweifelhafte Geldgeschäfte verwickelt zu werden.

LIEBE, REISEN UND FRUSTRATION

Liebe und Heirat werden durch Linien am äußeren Rand der Handfläche über dem Ende der Herzlinie und unterhalb des Merkurfingers angezeigt. Handgröße und Mondberg zeigen Reiselust an, besonders wenn eine horizontale Linie vom äußeren Handrand darüberläuft. Kleine horizontale Linien auf den unteren Fingergliedern sind Zeichen von Reizbarkeit und Frustration.

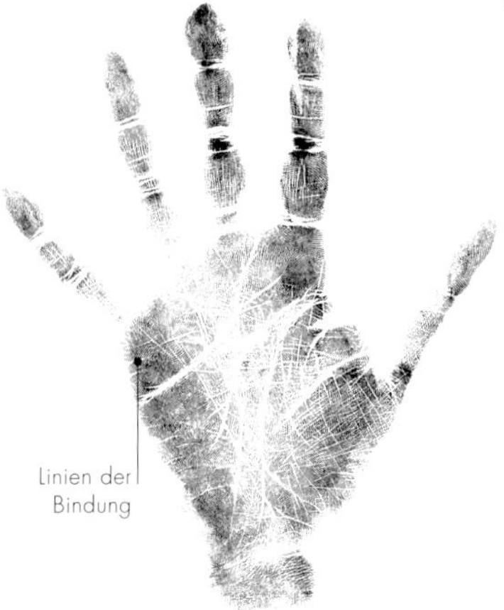

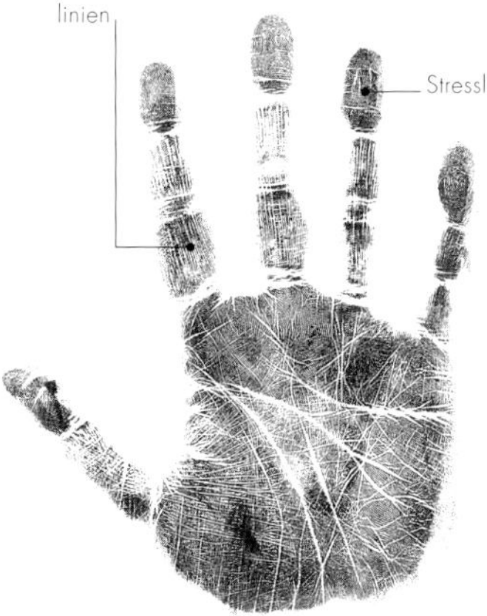

Linien der Bindung

Horizontale Linien auf dem Merkurberg las man als Zeichen für Heirat und die abzweigenden vertikalen als Zeichen für Kinder. Heute liest man horizontale Linien als ernsthafte Romanzen, die Eindruck hinterlassen haben. Vertikale Linien verweisen auf Freunde, die zum Gelingen der Partnerschaft beitrugen.

Stress, Spannung und Frustration

Ernste, aber vorübergehende Anstrengung und geringe körperliche Reserven zeigen sich, wenn die oberen Glieder aller Finger horizontale weiße Linien aufweisen. Sie erscheinen oft nach anstrengenden Tagen oder nach langer Konzentration. Vertikale Linien auf den unteren Gliedern zeigen Frustration.

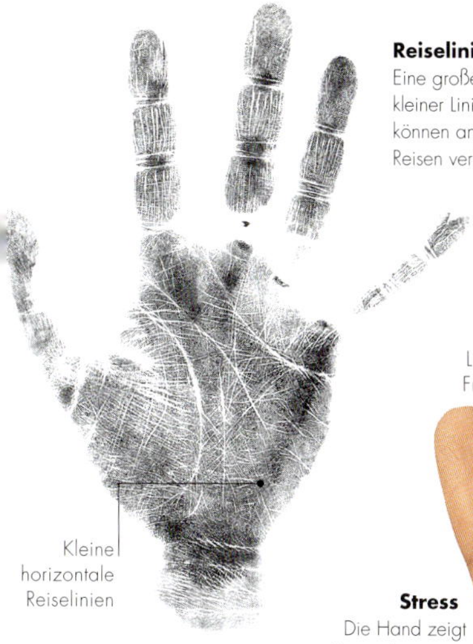

Reiselinien

Eine große Linie und eine Vielzahl kleiner Linien auf dem Mondberg können anzeigen, dass viel Zeit auf Reisen verbracht wird.

Stress

Die Hand zeigt Stress ebenso wie ein Potenzial für Romanzen und Reisen.

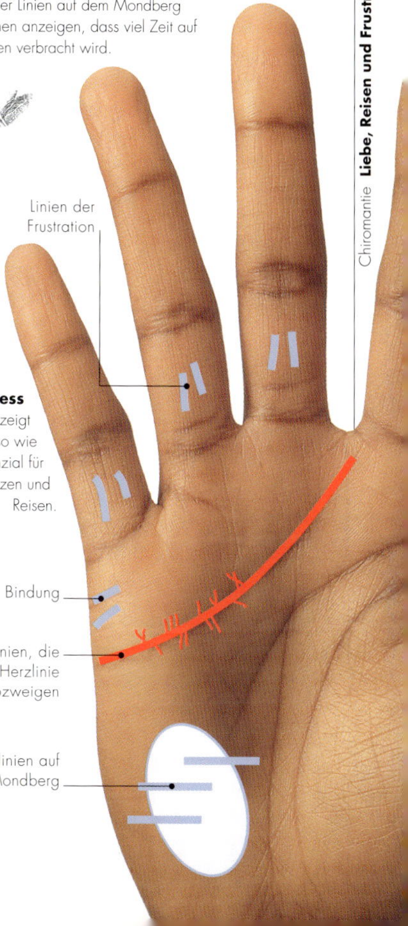

Reiselinien

Die Tradition besagt, dass eine Reiselinie, die nach unten zum Handgelenk gebogen ist, ein Element der Gefahr oder das Scheitern einer Reise anzeigt. Schwierigkeiten könnten dieses Scheitern begleiten. Aber wenn die Reiselinie wieder nach oben führt, deutet sich ein erfolgreiches Ende an. Der Besitzer wird in materieller und spiritueller Hinsicht bereichert werden.

Bindungs-, Reise- und Frustrationslinien lesen

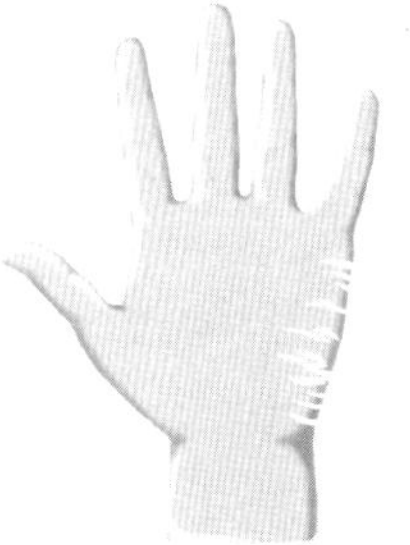

Reisefieber
Horizontale Linien am äußeren Rand zeigen Unruhe oder Reiselust an.

Bindungslinien

Je dunkler diese Linien, desto stärker ist die Grundlage einer Beziehung. Der erste Balken über der Herzlinie könnte nur einen Zentimeter messen, bevor er in der Herzlinie mündet. Sie verweist auf die erste Liebe der Person, die meist gut und gerne erinnert wird.

Mündet eine Linie vom Mondberg in die Schicksalslinie, deutet das auf eine neue, ebenso starke Partnerschaft hin, nicht unbedingt eine Ehe, aber eine warme und menschliche Beziehung zu jemandem, mit dem man durch dick und dünn gehen kann.

Reiselinien

Je breiter und größer die Hand, desto weniger schätzt der Mensch Routine. Dies wird in der Regel durch einen großen Mondberg betont. Wenn er groß, fest und hervorstehend ist, weist er auf das Bedürfnis hin, in Bewegung zu bleiben. Die Besitzer sind unruhig und müssen ständig reisen, wenn auch nicht unbedingt in die Ferne.

Eine breite, klar eingeschnittene horizontale Line vom äußeren Rand der Hand her weist auf eine größere Reise hin, oft nach Übersee und mit der Möglichkeit, dort eine Weile zu leben. Wenn die Linie schwach ist oder kleine Nebenlinien hat, reist die Person weit weg. Kleinere, kürzere Linien könnten kürzere Reisen bedeuten. Wenn eine Reiselinie durch die Lebenslinie führt, deutet sich ein Element der Gefahr in

Zusammenhang mit Wasser an. Dies mag daher stammen, dass früher Überseereisen nur mit dem Schiff gemacht werden konnten. Heute würde man eher von Gefahr im Wasser und in der Luft sprechen.

Linien der Reizbarkeit und Frustration

Wenn sie an allen Fingern auftreten, kann der Besitzer nicht mit Stress umgehen. Sieht man auch vertikale Linien, die an den Fingern entlang verlaufen, ist die Person von substanziellem Stress betroffen. Wenn die unteren Glieder dicklich oder untersetzt sind, ist die Sache ernster. In diesem Fall sollten Sie die Kopflinie untersuchen. Ist sie faserig, kann mentaler Stress eine Rolle spielen.

Weiße Flecken

Weiße Flecken auf den Nägeln sind ein weiteres Zeichne für nervliche Anspannung. Wenn die Flecken blasser werden, mildern sich Spannung und Reizbarkeit.

FAMILIENRING & RASCETTEN

Der Familienring verbindet das zweite und dritte Glied des Daumens miteinander. Er ist fast immer schlecht geformt, fragmentiert oder mit Kettenmustern umgeben. Die Loyalitätslinie kann entweder eine kleine Linie oder eine Reihe von Linien sein, die den oberen Teil des Venus- oder Marsbergs kreuzen. Die Rascetten oder Armbänder laufen kurz unter der Handfläche über das Handgelenk. Meist gibt es bis zu drei, es können aber auch mehr sein.

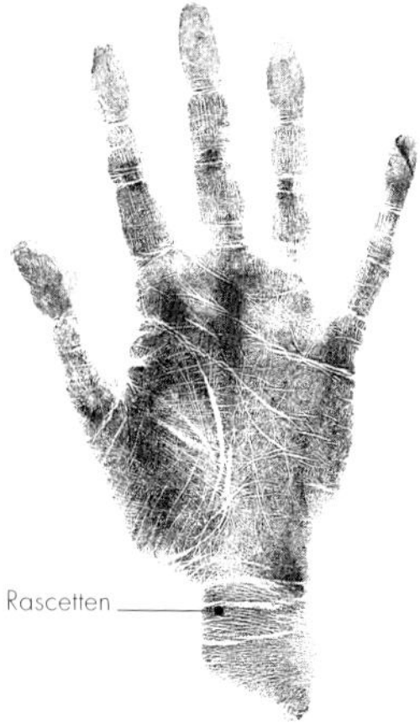

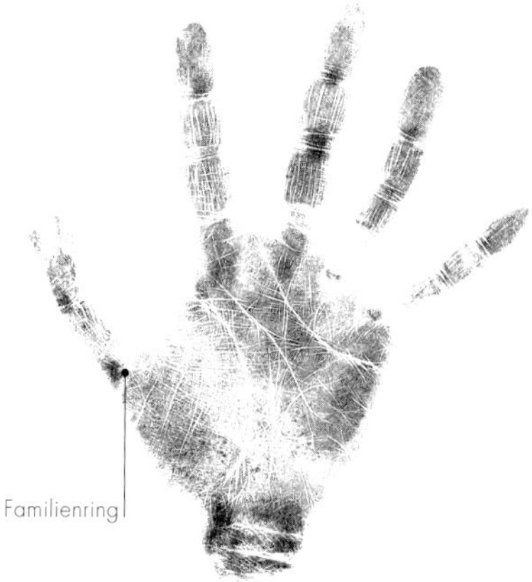

Rascetten

Die Armbänder oder Rascetten werden oftmals ignoriert. Reiselinien, die bis in die oberste Rascette reichen, werden als ereignisvolle Reisen – im positiven wie im negativen Sinn – gelesen.

Der Familienring

Der Familienring zeigt Solidarität mit der Familie an, wenn er einigermaßen gut ausgebildet ist. Oft weist er Kettenmuster auf und deutet auf wechselnde interfamiliäre Beziehungen hin. Dieses Zeichen findet man in vielen Händen.

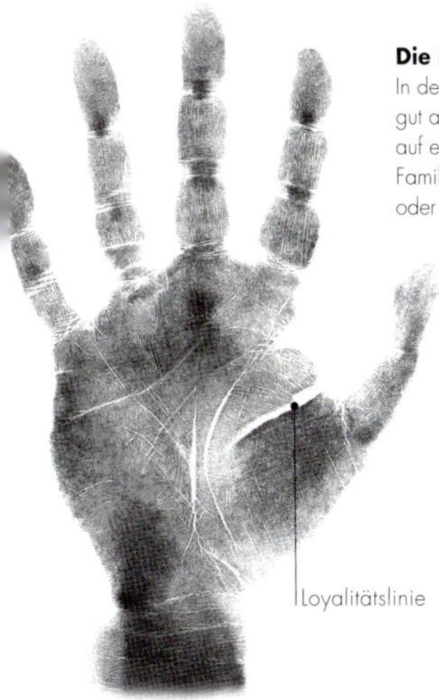

Die Loyalitätslinie

In den meisten Händen findet man eine gut ausgebildete Loyalitätslinie, die auf eine enge Beziehung zu einem Familienmitglied – oft zu einem Bruder oder einer Schwester – hinweist.

Familienangelegenheiten

Ist die Loyalitätslinie gut geformt, beginnt sie am Familienring und endet sie vor der Lebenslinie, werden Familienangelegenheiten aus Solidarität intern geregelt.

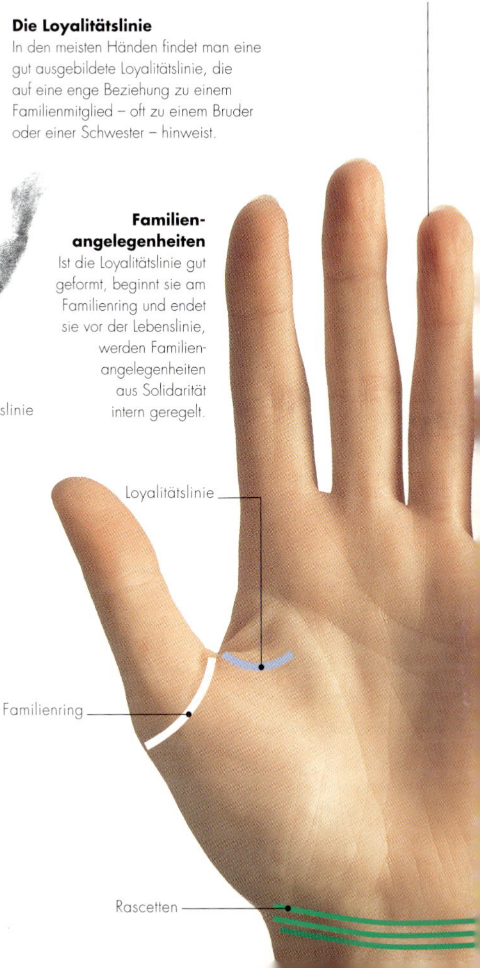

Rascetten und Reisen

Im Fernen Osten sagt man, dass eine Einflusslinie zwischen einer Rascette und dem Mondberg auf Reiselust hinweist und dass mehr als eine Einflusslinie mit Sicherheit großes Reisefieber bedeutet, aber eine der Linien muss am untersten Armband beginnen. Ein Rechteck, das eine der Einflusslinien berührt, ist ein Zeichen für Schutz auf der gesamten Reise. Eine Insel weist auf Schwierigkeiten hin. Ein Stern am Ende einer Linie sagt ein erfolgreiches Ende der Reise vorher.

Familienring, Loyalitätslinie und Rascetten lesen

Enge Beziehungen

Langlebigkeit und Familienbande werden durch die Rascetten und den Familienring angezeigt.

Der Familienring

In manchen Händen ist der Familienring sehr betont, in anderen ist er kaum erkennbar. Enge Familienbande werden durch eine klar gezeichnete Linie gezeigt, während keine besondere Liebe für die engste Familie vorhanden ist, wenn er kaum zu sehen ist. Wenn der Ring an der oberen, inneren Seite des Daumens stark ist, aber unten schwächer wird, war früher alles in Ordnung, aber heute nicht mehr.

Die Loyalitätslinie

Sie könnte am Familienring beginnen und zur Lebenslinie führen, was starke Loyalität zu einem bestimmten Familienmitglied andeutet.

Wenn die Linie am Familienring beginnt, wird diese enge Beziehung betont. Wenn es mehr als eine Linie gibt und alle am Familienring ansetzen, dringen nur wenige Menschen in den inneren Kreis ein. Der gute Name der Familie wird zu jeder Zeit beschützt. Bleiben alle Linien innerhalb der Lebenslinie, werden Probleme nur innerhalb der Familie besprochen und gelöst.

Die Rascetten

Sie werden in der fernöstlichen Handlesekunst mit einem langen Leben in Zusammenhang gebracht, aber es gibt wenig Beweise dafür. Allerdings hatten einige Neunzigjährige drei oder vier klare Rascetten und in einigen Fällen endete die Lebenslinie erst nach dem Durchqueren der obersten Rascette.

Wenn bei einer Frau die erste Rascette in die Handwurzel hineinragt, weist das auf Blasen- oder Menstruationsprobleme hin. Man sollte die Hände junger Mädchen diesbezüglich untersuchen, denn bei einer Früherkennung können Pubertätsprobleme gemildert werden. Wenn das nächste Armband ebenfalls nach oben weist, sind die Probleme schwerwiegender.

In der Hand eines Mannes verweist ein derart gebogenes Armband auf Prostatabeschwerden oder Ähnliches. Traditionell nahm man an, die Armbänder hätten mit Reisen oder mit Reiselust zu tun. Gut ausgeprägte Armbänder, die das Handgelenk ohne Unterbrechungen überqueren, deuten an, dass der Besitzer nicht an der Reisekrankheit leidet.

Reichtum und Erfolg

Im Fernen Osten versprechen vier oder mehr Rascetten Reichtum und Erfolg in Verbindung mit einem langen, glücklichen Leben.

DIE LINIE DER INTUITION

Menschen mit natürlicher Voraussicht – einem sechsten Sinn – haben normalerweise einen stark gewölbten Neptunberg. In der Regel macht sich diese Gabe dadurch bemerkbar, dass der Besitzer einfach weiß, dass sich etwas ereignen wird. Um diesem besonderen Sinn oder Instinkt auch praktisch näherzukommen, sollten Sie die Linie der Intuition untersuchen.

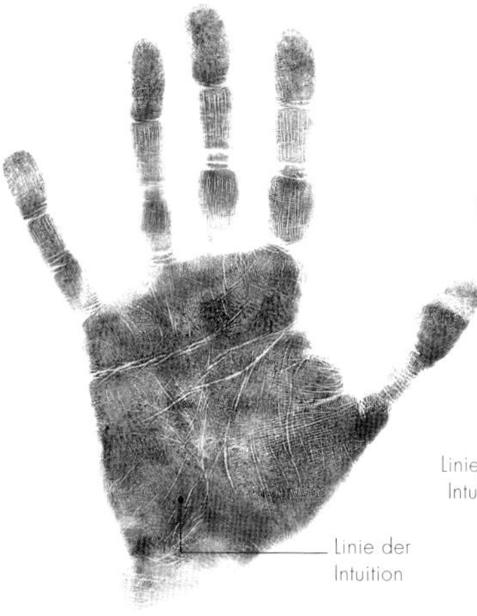

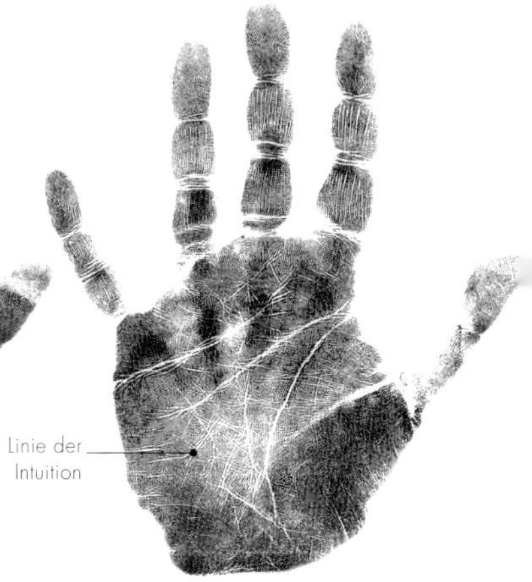

Tief liegende Linie
Diese eher tief liegende Linie der Intuition zeigt, dass der Besitzer von seinem sechsten Sinn praktischen Gebrauch macht und eine Frage beantworten könnte, bevor der andere sie fertig gestellt hat.

Bewusst
Der Besitzer dieser aktiven Hand mit der Intuitionslinie nutzt seine Intuition bewusst, indem er immer das Richtige zur rechten Zeit zu sagen oder zu tun weiß.

Kleine Linie

Diese teilweise ausgeformte Linie der Intuition zeigt eine investigative Ader. Wenn den Besitzer eine Sache anspricht, verfolgt er sie, bis er über alle Fakten verfügt, um sie voll und ganz zu verstehen.

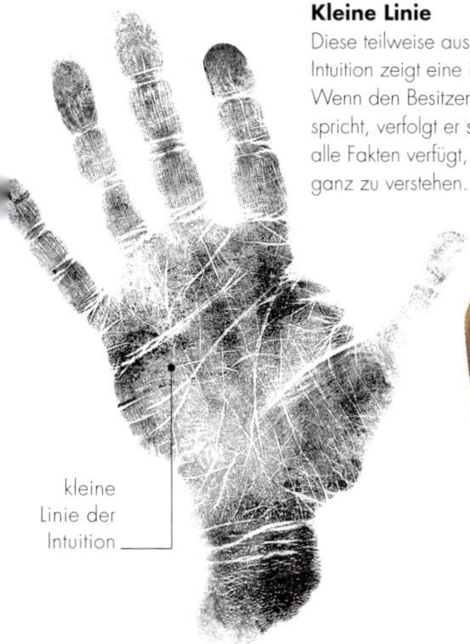

Menschenfreund

Manchmal wandert eine kleine Linie zur Kopflinie und es bildet sich ein kleines Dreieck. Dies weist auf eine warme, liebevolle Person hin, einen geborenen Menschenfreund, der Benachteiligten gerne hilft. Wenn die Kopflinie gegabelt ist und die Linie der Intuition beide Gabeln kreuzt, handelt es sich um eine sehr sensible Natur. Die Person könnte ein Pfleger oder Heiler sein.

Volle Linie

Die volle Linie der Intuition kommt selten in Reinform vor. Sie zeigt natürliche Voraussicht bei allen Unternehmungen an. Man findet sie z. B. in den Händen eines Mediums oder Sehers.

Die Linie der Intuition lesen

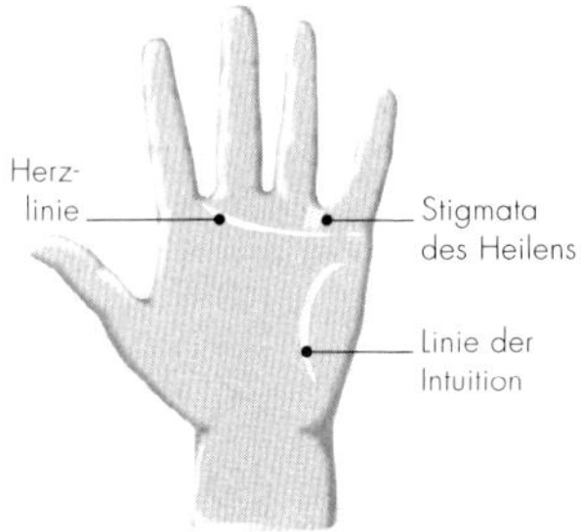

Heilkräfte

Eine Linie der Intuition mit Stigmata des Heilens zeigt Heilkräfte.

Die Linie der Intuition ist eine kleine, oft sehr fragmentierte Linie, die auf dem Mondberg nahe des Handrands beginnt und nach oben führt. Sie macht einen Bogen weiter in den Mondberg hinein und endet auf dem Merkurberg.

Man sieht sie nur selten als durchgängige Linie, denn sie kann wie eine Reihe kleiner Einflusslinien aussehen oder mit Ketten- oder Inselmustern versehen sein. Wenn sie eine durchgängige Linie formt, zeigt das eine Vorliebe für Forschungsarbeiten. Die Person hat genug Geduld, sich durch Berge von Akten und Informationen zu wühlen, bevor sie befriedigende Ergebnisse erhält. Diese Menschen haben normalerweise eine gute Bildung, was sich in ihrem Ausdrucksvermögen niederschlägt. Sie lernen weniger auf konventionelle Art – sie absorbieren Wissen und denken und wissen Dinge, ohne sich dessen bewusst zu sein. Deshalb entdecken sie früher oder später okkulte Studien für sich, die ihnen helfen, ihre Gabe weiterzuentwickeln.

Mit der nötigen Ausbildung können sie Astrologen, Handleser, oder Tarotleger werden. Bei einem Medium findet man oft eine ähnliche Markierung in der linken Hand, die darauf hinweist, dass die Gabe angeboren ist. Wenn die Linie zusammen mit Schicksals- und Kopflinie ein Dreieck bildet, handelt es sich um das traditionalle Zeichen für einen Seher. Zu diesen Talenten gehört auch die Hypnose.

Je mehr Fehler die Linie zeigt, desto schwächer sind die Fähigkeiten des Besitzers. Ein gelegentlicher Geistesblitz ist dann alles. Manchmal, wenn fast die ganze Linie sichtbar ist, haben die Besitzer das Talent, Tiere zum Gehorsam zu bringen.

Wenn man die Linie in beiden Händen findet, tendiert die Person zum Okkultismus und eignet sich oft als Medium – vorausgesetzt sie erhält die nötige Ausbildung. Wenn die Stigmata des Heilens ebenfalls sichtbar sind, verfügt sie möglicherweise über Heilkräfte. Mit einer kreativen Kurve und einer abfallenden Kopflinie könnte sie auch übersinnliche Kräfte besitzen.

Die Stigmata des Heilens

Die Stigmata des Heilens sind eine Reihe von vier oder fünf kurzen, vertikalen Linien an der inneren Seite des Merkurbergs kurz über der Herzlinie. Sie verweisen auf ein Interesse für Medizin und Heilkunde. Außerdem könnten sie ein Anzeichen für eine hypochondrische Tendenz in Verbindung mit Stress und Anspannung sein. Die Person hält sich an eine feste tägliche Routine und ändert diese keinen Deut. Es könnte auch um Ernährung und Gesundheit gehen. Manchmal spiegeln diese Linien Zahnprobleme, besonders wenn sie tief eingeschnitten sind und nah beieinander liegen.

DIE PRAXIS DES HANDLESENS

Die Grundprinzipien des Handlesens wurden im vorigen Kapitel erläutert. Jetzt können Sie das Gelernte praktisch umsetzen. Sie verfügen über alles, was Sie brauchen, und sollten mit dem Üben beginnen. Dieser Ratgeber setzt auf die praktische Anwendung. Sorgen Sie sich nicht darum, Fehler zu machen – wir alle machen Fehler, egal in welchem Bereich, warum sollten Sie also besorgt sein? Versuchen Sie, sich nicht nur auf eine Markierung und deren Bedeutung zu konzentrieren. Die Hand könnte andere Zeichen aufweisen, die nicht zu Ihrer Interpretation passen. Versuchen Sie immer, das Gesamtbild zu sehen. Die meisten Menschen lassen ihre Hände gerne betrachten, weil das Handlesen eine faszinierende Kunst ist und sich mit ihrem wahrscheinlichen Lieblingsthema – mit ihnen selbst – beschäftigt.

Teigrolle
Tinte
Farbroller
Papier
Handabdruck
Vergrößerungs-
glas

Bevor Sie beginnen

Genaue Untersuchung
Ein starkes Vergrößerungsglas ist wichtig, um die Linien im Detail zu untersuchen.

Im Fernen Osten folgen viele Handleser einem Ritual, bevor sie beginnen. Oft bittet man den Kunden im Morgengrauen zu sich, weil die Gabe des Handlesers dann am stärksten ist. Man hat den Kopf noch nicht so voll und kann sich konzentrieren.

Nur wenige dieser Meister verwenden ein Vergrößerungsglas, aber sie bestehen darauf, dass die Hände erst gewaschen, getrocknet, parfümiert und dann auf ein Kissen gelegt werden. Beide Hände werden gelesen. Diese Handleser benutzen aufgrund ihres Wissens auch die Astrologie, um Ereignisse zu datieren. Nur wenige westliche Handleser haben diese Ausbildung und viele wenden sich gegen die Verwendung anderer Disziplinen.

Bei uns beinhaltet das Handlesen keine astrologischen Elemente. Der Kunde muss sein Geburtsdatum und seinen Namen nicht nennen. Wenn ein Handabdruck gelesen wird, muss ein guter Handleser nur Geschlecht und Alter des Kunden wissen. Wenn man ihm andere Daten zur Verfügung stellt, könnte er Bücher über Astrologie und Zahlensymbolik konsultieren, was keine echte Handlesekunst wäre.

Der Zeitpunkt der Lesung ist irrelevant. Achten Sie darauf, dass Sie dem Kunden einen bequemen Stuhl zur Verfügung stellen und beide Hände in helles Licht legen. Sie müssen immer gute Handabdrücke haben und in besonderen Fällen vor jedem Termin neue anfertigen. Sie brauchen ein Vergrößerungsglas, ein kleines Lineal, einen Stift und einen Zirkel. Wollen Sie das Gespräch aufzeichnen, sollten Sie einen Kassettenrekorder bereit stellen.

Notizen

Manche Kunden kommen regelmäßig zu Ihnen. In diesem Fall ist es sinnvoll, Notizen anzufertigen. Eine kurze Lesung beschäftigt sich oft nur mit dem gegenwärtigen Problem, zu dem der Kunde Rat sucht. Für eine vollständige Lesung mit allen Kleinigkeiten und einem abschließenden schriftlichen Bericht braucht man mehrere Sitzungen. Heben Sie also die Aufzeichnungen des Kassettenrekorders oder des Diktiergeräts gut auf.

Ein vernünftiges Ablagesystem ist wichtig, weil erst dann kleine Veränderungen der Hände über längere Zeit offensichtlich werden. Ein Kasten mit Karteikarten eignet sich gut dafür. Sie sollten diese Veränderungen und alle anderen Details der Analyse notieren, die bei einem Kunden besonders wichtig sein könnten.

Handabdrücke anfertigen

Für weitere Informationen zum Anfertigen und Lesen von Handabdrücken siehe S. 46–49.

Beobachtung
Finger und Fingernägel müssen vor dem Lesen der Handfläche ebenfalls untersucht werden.

HANDÜBUNGEN

Nehmen wir an, Sie haben alle Utensilien besorgt und Ihr Kunde hat den Raum betreten. Sie müssen nun ein paar wichtige Einzelheiten feststellen, bevor Sie die Hände untersuchen. Es ist immer wichtig, sich schon vor dem Gespräch Notizen zu machen, sodass Sie ein vor oder während der Analyse auftretendes Problem und damit zusammenhängende Angelegenheiten klären können.

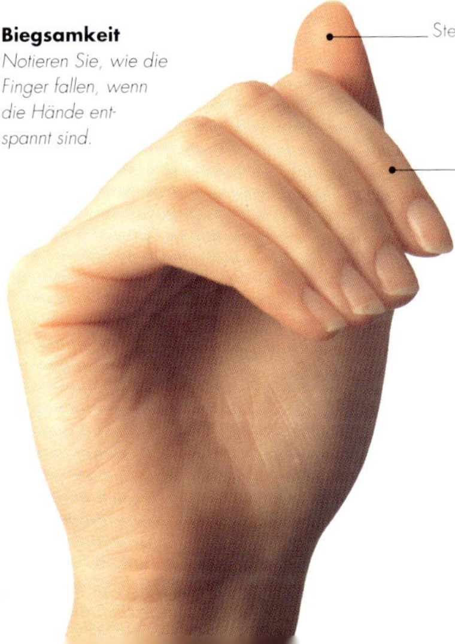

Biegsamkeit
Notieren Sie, wie die Finger fallen, wenn die Hände entspannt sind.

Natürliche Bewegung

Bitten Sie Ihren Kunden, seine Hände mit der Handfläche nach unten auf den Tisch zu legen. Notieren Sie, wie die Finger fallen. Machen Sie die gleiche Übung mit den Handflächen nach oben.

Achten Sie darauf, wie die Hand natürlich fällt. Wenn der Kunde Ihnen seine Hände zum Lesen zeigt, könnte er eine andere Handhaltung haben.

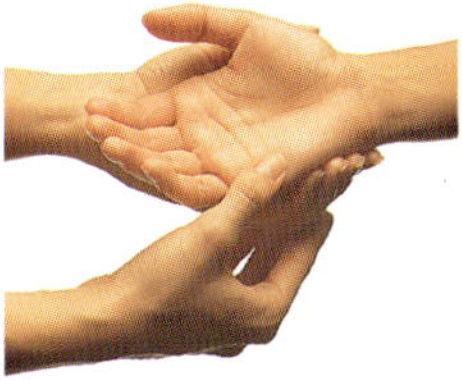

1 *Jetzt berühren Sie die Hände, um zu fühlen, ob sie hart oder weich sind. Harte Hände weisen auf Energie und Aktivität hin, weiche Hände dagegen nicht. Untersuchen Sie alle Berge, ob sie fleischig oder knochig, dick oder dünn sind. Testen Sie die Maus auf der Rückseite der Hand, um sich über den Gesundheitszustand zu informieren.*

2 *Untersuchen Sie jeden Finger auf Biegsamkeit – also jedes Fingerglied und jedes Gelenk. Testen Sie den Daumen ebenso. Untersuchen Sie die Fingernägel sorgfältig, denn ihre Farbe und Form hilft Ihnen, den gegenwärtigen Gesundheitszustand festzustellen. Betrachten Sie die Fingerspitzen, um zu sehen, ob weiße Linien auf Stress und Anspannung verweisen. Achten Sie darauf, wie sich die Hände anfühlen: Sind sie warm, heiß, kalt, trocken oder feucht?*

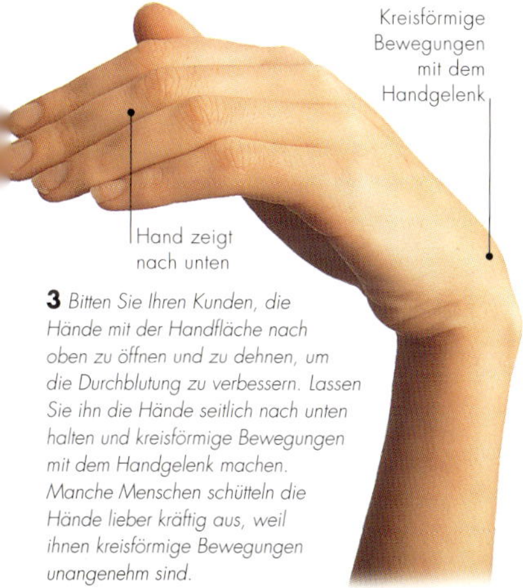

3 *Bitten Sie Ihren Kunden, die Hände mit der Handfläche nach oben zu öffnen und zu dehnen, um die Durchblutung zu verbessern. Lassen Sie ihn die Hände seitlich nach unten halten und kreisförmige Bewegungen mit dem Handgelenk machen. Manche Menschen schütteln die Hände lieber kräftig aus, weil ihnen kreisförmige Bewegungen unangenehm sind.*

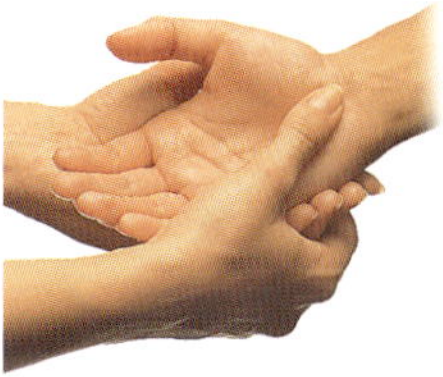

4 *Halten Sie eine Hand am Handgelenk mit der Handfläche nach oben und drücken Sie sie für ein paar Sekunden fest. Machen Sie das Gleiche mit der anderen Hand. Dies lässt die Linien der Hand kurzzeitig deutlicher hervortreten und gibt Ihnen eine erste Gelegenheit zur Beurteilung.*

Die Handanalyse

Umriss

Zeichnen Sie einen Umriss der Hand, um Größe und Form exakter zu bestimmen.

Sie haben viel Wissen angesammelt, bevor Ihnen der Kunde seine Hände zur Lesung darbietet. Sie haben die Beweglichkeit der Hände, den Gesundheitszustand und die Größe (im Verhältnis zum Körperbau) festgestellt und herausgefunden, ob der Kunde Rechts- oder Linkshänder ist. Indem Sie die natürliche Haltung von Händen und Fingern begutachteten, haben Sie einige Persönlichkeitsmerkmale erkannt – ob die Person verkrampft, entspannt, natürlich, freundlich und offen oder besorgt und misstrauisch ist.

Die Größe der Hand zeigt Ihnen, wie Sie Ihre Ergebnisse mitteilen und mit der Person sprechen sollten. Viele Details interessieren Menschen mit großen Händen oder wenn die Finger länger als die Handfläche sind. Bei Menschen mit kurzen Fingern sollten Sie eher das Gesamtbild darstellen.

Gespräch

Zuerst sollten Sie den Typ der Hand feststellen: Ist sie rechteckig oder rund? Die Hand könnte auch eine Variante der Grundform sein und Sie müssen Ihre Beurteilung dementsprechend gestalten.

Wenn Sie die Eigenschaften der Hand zufriedenstellend beschrieben haben, sollten Sie vor klärenden Fragen nicht zurückscheuen. Lassen Sie den Kunden auch selbst Fragen stellen. Stellen Sie so früh wie möglich einen Dialog her.

Während Sie sprechen, werden Sie die Linien erkennen und wenigstens feststellen können, ob die Person eine leere, volle oder durchschnittliche Hand hat. Eine Vielzahl von Linien fordert Sie dazu auf, Ihre Aussagen abzumildern, weil die Fantasie des Kunden während der Sitzung stark arbeitet.

Eine leere Hand kann ganz andere Schwierigkeiten bedeuten und einsilbige Antworten hervorbringen, die schwer zu interpretieren sind. Die durchschnittliche Hand ist hilfreich, bis Sie empfindliche Punkte ansprechen – dann wird der Kunde schweigsam. Die Erfahrung wird Sie dabei lehren und bald werden Sie Ihrem Kunden besser helfen können.

Zuletzt untersuchen Sie die Finger- und Handabdrücke in Bezug auf die Persönlichkeit vor Ihnen. Bei jeder Sitzung gewinnen Sie mehr Erfahrung und Sicherheit und können diejenigen, die Ihre Hilfe suchen, mit der Zeit immer besser beraten.

Geduld und Zuhören

Wenn Sie Ihre neuen Fähigkeiten ausprobieren, müssen Sie immer geduldig sein. Achten Sie auf das, was der Kunde sagt, ebenso wie auf das, was er Ihnen eigentlich damit sagen möchte. Sie werden so viel über andere und über sich selbst erfahren.

Sprünge

Feste Handflächen sind ein Zeichen von guter Konstitution.

GESUNDHEIT & HÄNDE

Untersuchen Sie die Hand auf Festigkeit und Elastizität, besonders in der Mitte der Handfläche. Wenn sich die Mitte fest anfühlt, ist der Gesundheitszustand gut. Ist sie rechts weich und links fest, werden derzeitige Gesundheitsprobleme von kurzer Dauer sein. Wenn die Lebenslinie weit in die Handfläche hineinragt, werden Krankheiten leicht abgewehrt und die Konstitution ist gut.

Die Maus

Lassen Sie die Person eine Faust machen, damit Sie den Berg auf der Rückseite der Hand – die Maus – untersuchen können.

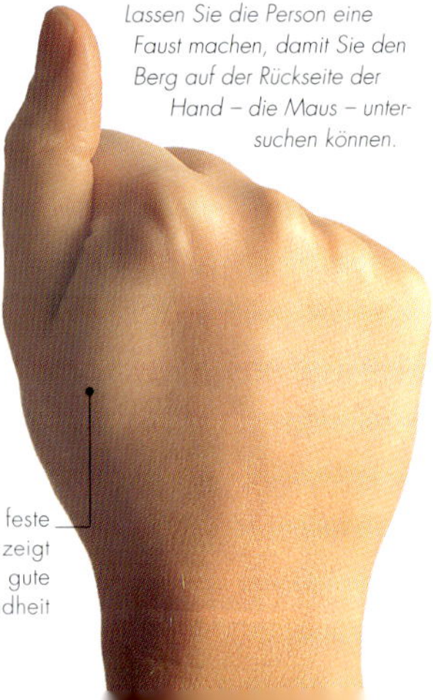

Eine feste Maus zeigt gute Gesundheit

Extrovertiert/introvertiert

Extrovertierte Menschen, die gesund und munter sind, sowie introvertierte, die zurückgezogen und ruhig leben, beurteilt man anhand des Abstands zwischen Herz- und Kopflinie.

Ist der Abstand groß, ist der Besitzer körperlich aktiv, offen und nüchtern – je größer der Abstand, desto mehr. Bei einem geringen Abstand ist die Person wesentlich weniger zugänglich und lässt das Leben oftmals an sich vorbeitreiben.

Wenn extrovertierte Typen kurzzeitige Gesundheitsprobleme haben, sind sie reizbar und launisch. Introvertierte Typen sehen hingegen schlechter aus, als es ihnen tatsächlich geht, und könnten sogar leiden, um Mitleid zu erwecken.

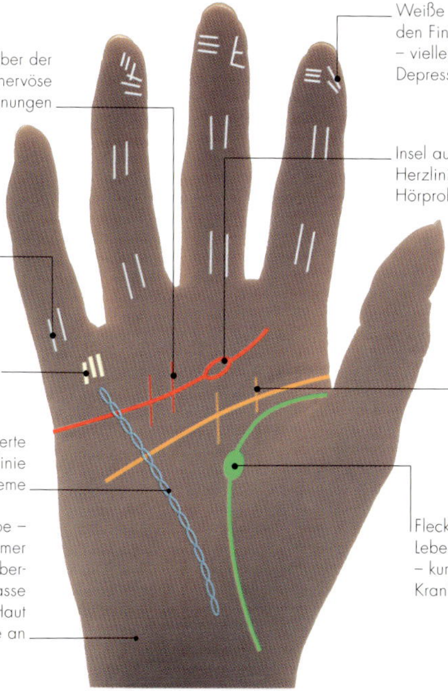

Besondere Zeichen und die Gesundheit

Insel auf der Lebenslinie: schlechte Gesundheit. Auf der Herzlinie: Hör- oder Herzbeschwerden.

Eine Operation könnte anstehen, wenn ein kleines Dreieck, Kreuz oder Quadrat im zweiten Drittel der

Lebenslinie gefunden wird. Das bedeutet nicht, dass die Person in jedem Fall operiert wird, sondern nur, dass es nötig sein könnte.

Ketten auf der Herzlinie: Kreislaufprobleme. Auf der Lebenslinie: allgemein schlechte Konstitution.

Allgemeine Gesundheit

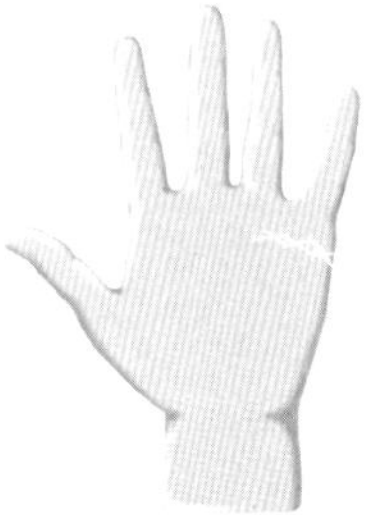

Sorgen

Ein feines Netz von fragmentierten Linien ist ein Zeichen von Hypersensibilität.

Ist der Venusberg weich und umringt die Lebenslinie seinen Ansatz so, als ob sie seine Entwicklung beschränkt, hat der Besitzer keine guten Genesungskräfte. Eine weiche Hand verweist auf innere Trägkeit und eine faule Ader. Die Person nimmt jede Chance wahr, sich von Arbeit frei zu machen – auch zum Nachteil der Allgemeinheit.

Zwischen den Ansätzen des dritten und vierten Fingers kurz oberhalb der Herzlinie zeigen drei oder vier kleine, vertikale Linien mögliche Zahnprobleme. Das bedeutet nicht unbedingt akute Schmerzen, sondern eine Veranlagung.

Stress und Anspannung

Wenn die beiden unteren Glieder aller Finger vertikale Linien zeigen, könnte die Person Schlafprobleme haben. Bei einer vollen Hand zeigen sie, dass der Besitzer Schwierigkeiten hat, richtig abzuschalten. Die vertikalen Linien treten oft bei Menschen auf, die im Schichtdienst arbeiten.

Mögliche Hinweise auf Depressionen findet man an einer Vielzahl von Stellen auf der Handfläche. Die volle Hand an sich dient oft als Zeichen, weil der Geist niemals still steht und die Fantasie wild arbeitet. Weiße Linien an den Fingerspitzen sind ebenfalls ein Hinweis. Vertikale Linien können Phasen hormoneller Unausgeglichenheit andeuten, während horizontale Linien meistens das Ergebnis von Überbeanspruchung sind.

Verdauungssystem

Verdauungsprobleme zeigen sich, wenn die Merkurlinie vorhanden, aber fragmentiert und mit Ketten- oder Inselmustern versehen ist. Kleine Einflusslinien von der Mitte der Marszone bis zum Ansatz des dritten Fingers verweisen ebenfalls auf Verdauungsbeschwerden. Ein sehr weiches unteres Glied des Zeigefingers zeigt, dass der Besitzer darauf achten muss, was er oder sie isst, und eine Allergielinie an der Handwurzel betont dies noch.

Hörprobleme

Eine Insel in der Herzlinie unterhalb des Mittelfingers verweist auf Hörprobleme. Um deren Ausprägung zu beurteilen, untersuchen Sie die Spitze des kleinen Fingers. Eine steife Spitze verweist darauf, dass das Gehör getestet werden sollte, während eine biegsame Spitze eher auf vorübergehende Beschwerden hindeutet.

Vorsicht

Wenn Sie über keine medizinische Ausbildung verfügen, dürfen Sie keine medizinische Beurteilung abgeben. Damit machen Sie sich strafbar und ein falsches Wort kann bereits großen Schaden anrichten. Wenn Sie Probleme vermuten, sollten Sie Ihrem Kunden nachdrücklich raten, einen Arzt aufzusuchen.

Gesundheitsbewusst
Der Zustand der Fingernägel kann Ihnen viel über den Gesundheitszustand und Lebensstil der Person sagen.

DIE FINGERNÄGEL

Ob wir geschulte Beobachter sind oder Anfänger – der Zustand der Fingernägel fällt uns meistens sofort ins Auge. Sie können gepflegt sein und gut aussehen oder eben nicht. Lackierte Nägel erschweren eine Beurteilung des Gesundheitszustands. Eine Analyse der Fingernägel kann einen Mineralienmangel, nervöse Spannungen und Kreislaufprobleme ergeben.

Konkav gewölbte Fingernägel
Konkav gewölbte Nägel weisen normalerweise auf Drüsenprobleme aufgrund von unzureichender Blutzufuhr oder Mangelernährung hin.

Knollige Fingernägel
Der knollige, gebogene Nagel ist ein eindeutiges Symptom von Brust- oder Atemwegsproblemen, etwa durch starkes Rauchen.

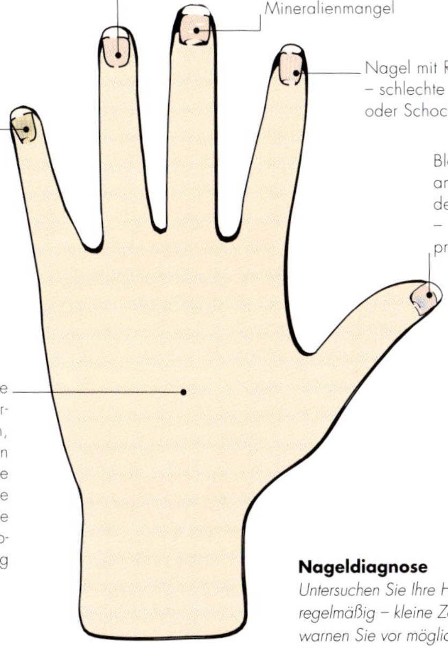

Nageldiagnose

Untersuchen Sie Ihre Hände regelmäßig – kleine Zeichen warnen Sie vor möglichen Gesundheitsproblemen.

Fingernagelformen und Gesundheit

Muschelförmiger Nagel: schlechte allgemeine Gesundheit und Überempfindlichkeit.

Krallenförmiger Nagel: schlechte Ernährung.

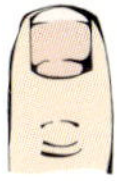

Großer quadratischer Nagel: Tendenz zur Unterdrückung von Problemen.

Analyse der Fingernägel

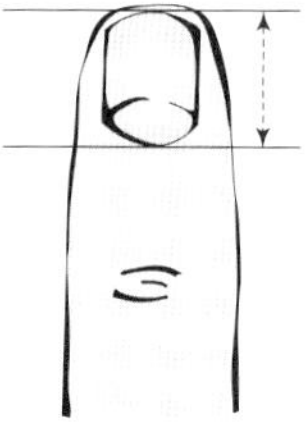

Wachstum

Ein Fingernagel braucht sechs Monate, um ganz nachzuwachsen. Zeichen können daher datiert werden.

Ein Fingernagel besteht aus hartem Protein, dem Keratin, und braucht etwa sechs Monate, um ganz nachzuwachsen. Jede Markierung, etwa ein weißer Fleck, ein Balken oder eine andere Verletzung, kann daher datiert werden. Das trifft allerdings nicht auf horizontale und vertikale Rillen zu, die plötzlich aufgrund bestimmter Krankheiten, oder durch Stress oder Anspannung auftreten. Dieser Fall deutet auf eine Schwächung der Drüsen oder Organe sowie auf ein hormonelles Ungleichgewicht hin. In der Regel wirkt die Person müde und reizbar. Wenn man weiße Flecken auf abgebissenen Nägeln findet, weist das auf emotionale oder psychische Probleme hin. Bei horizontalen oder länglichen Rillen kann der Grund ein kürzlicher Unfall, ein emotionaler Schock oder schlechte Ernährung sein. Jeder Nagel sollte einen ausgeprägten Halbmond aufweisen. Wenn keiner vorhanden ist, zeigt sich ein temporäres Problem, das die Konstitution angreift.

Nagelformen

Der kurze Fingernagel weist immer auf eine besorgte Natur hin; der große rechteckige Nagel auf Menschen, die dazu tendieren, Probleme zu verdrängen und zu große emotionale Kontrolle auszuüben. Menschen mit schmalen Nägeln sind eher empfindlich und ermüden leicht. Eine bläuliche Färbung am oberen Ende des Halbmonds weist auf Kreislaufprobleme hin.

Muschelförmige Nägel deuten auf einen Erschöpfungszustand hin, der oft nach einem Schock einsetzt, während krallenförmige Nägel auf eine schlechte

Ernährung hinweisen, die zu Gesundheitsproblemen führt. Menschen mit haselnussförmigen Nägeln nutzen ihre nervlichen Reserven zu sehr aus. Konkav gewölbte Nägel verweisen auf Drüsenprobleme durch mangelnde Blutzufuhr oder schlechte Ernährung. Sie gehören oft eher langweiligen Menschen. Der knollige Nagel ist ein ziemlich sicheres Zeichen für Atemwegsprobleme, etwa durch starkes Rauchen.

Anfälligkeit für Erkältungen oder andere Atemwegserkrankungen wird durch einen knolligen Nagel am Zeigefinger angezeigt. Wenn die anderen Fingernägel eine ähnliche Form annehmen oder die Kopflinie am Anfang mit Ketten- oder Inselmustern umgeben ist, werden die Probleme ernster.

Kleine oder große Nägel?

Menschen mit großen Fingernägeln tendieren zu einem friedlicheren und ausgewogeneren Leben. Menschen mit kleinen Nägeln sind kritisch und haben eine etwas weniger offene Einstellung zum Leben.

Geld

Zeichen von materiellem Reichtum findet man ebenfalls in der Hand – vielleicht haben Sie ja sogar Glück und gewinnen im Lotto!

REICHTUM

Es gibt zwei Arten von Reichtum: inneren und finanziellen. Wenn man eine Person zum ersten Mal trifft, beurteilt man sie meist nach ihrem Verhalten. Ein Blick auf die Hände kann dies bestätigen. Je weiter die Finger auseinanderliegen und je mehr sich die Hand öffnet, desto offener und freundlicher ist die Person, vor allem wenn die Hand eine Sonnenlinie hat.

Wasserhand

Diese Menschen blühen auf, wenn sie ihre kreativen Kräfte im Unterhaltungs- oder Kosmetikbereich ausleben können.

Lufthand

Diese Menschen genießen Geld und Besitz, aber sie arbeiten auch gern dafür, sodass sie sich damit brüsten können, alles aus eigener Kraft erreicht zu haben.

Feuerhand

Die Feuerhand genießt Luxus und materiellen Reichtum. Diese Menschen müssen immer das Beste haben.

Erdhand

Menschen mit Erdhand sind naturverbunden und materiell. Sie freuen sich am Machen und Schaffen.

Reich oder arm

Sind Sie dazu bestimmt, finanziellen und emotionalen Reichtum zu genießen? Suchen Sie in der Hand nach Bestätigung.

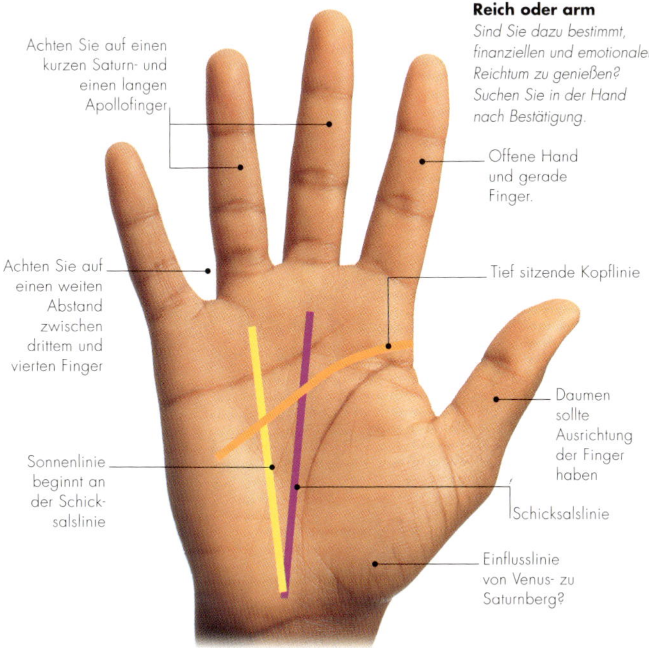

Besondere Zeichen und Reichtum

Ein Dreizack am Ende der Schicksalslinie wurde immer als Zeichen für materiellen Erfolg gewertet, aber damit begeben wir uns langsam in den Bereich purer Wahrsagerei.

Eine Sonnenlinie, die an der Schicksalslinie ansetzt, ist immer hilfreich – besonders, wenn sie mit einem Stern endet. Ein Stern am Ende der alten Heiratslinien auf dem Merkurberg kurz über der Herzlinie wurde immer als eine „gute" Heirat interpretiert, die auf materiellen Erfolg und gesellschaftlichen Status hoffen ließ.

Reichtum analysieren

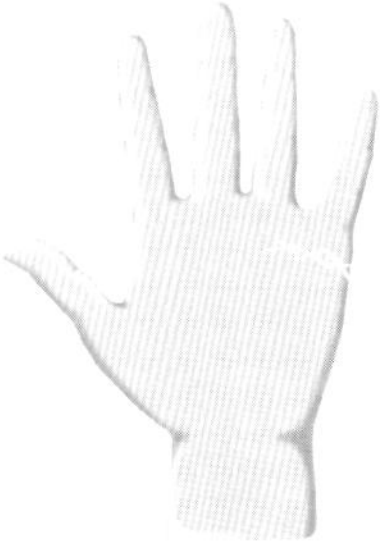

Ausrichtung
Bei einer ausgestreckten Hand sollten Sie auf den Winkel zwischen Daumen und Fingern achten.

Eine offene Hand repräsentiert fast immer auch eine offene Persönlichkeit, die gern Zeit mit anderen verbringt. Diese Menschen blühen in Gesellschaft auf und achten darauf, dass sich alle anderen wohl fühlen. Sie sind gute, verlässliche Freunde. Ihre Hände sind fast immer offen, die Finger sind gerade und nicht krallenartig nach innen gebogen, als ob sie die Handfläche verstecken würden. Der Daumen weist meist in die Richtung der Finger.

Wenn Menschen Ihnen ihre Hände zeigen, tendieren sie dazu, die Handfläche nach oben zu halten. In diesem Fall sollten Sie auf den Daumen achten. Er sieht entweder wie ein weiterer Finger aus und liegt in einer Linie mit ihnen oder steht in einem Winkel von ihnen ab. Wenn er die Ausrichtung der Finger hat, sodass Sie die innere Seite gut sehen können, hat die Person wenig zu verstecken und bildet den Mittelpunkt jeder Gesellschaft. Liegt ein großer Abstand zwischen drittem und viertem Finger, ist die Person offen, freigiebig mit ihrer Zuneigung und kann je nach Laune auch sehr großzügig sein.

Zeichen für Reichtum

Es gibt kein bestimmtes Zeichen oder besondere Linien für finanziellen Reichtum. Aber es gibt eine Reihe von Merkmalen, die auf die Möglichkeit hinweisen, zu Geld zu kommen. Allerdings deutet eine Einflusslinie zwischen Venus- und Saturnberg auf ein Erbe aus Familienkreisen hin. Der Dreizack, ein sehr seltenes Zeichen in der Handlesekunst, sagt materiellen Reichtum voraus – besonders, wenn er auf dem Jupiter-

oder Merkurberg auftritt. Auf dem ersten Berg zeigt er, dass Ziele erreicht werden. Wenn man Geld und eine einflussreiche Position haben will und bereit ist, dafür zu arbeiten, wird man beides erreichen. Wenn er auf dem vierten Berg liegt, wird ein guter Geschäftssinn zu gerechter Belohnung führen.

Eine tief liegende Herzlinie weist immer auf eine freundliche, großzügige und verständnisvolle Natur hin. Je tiefer sie liegt, desto wärmer das Wesen. Dies ist ein sicheres Zeichen für Verständnis für die Probleme anderer. Die Person hat einen guten Sinn für Werte und teilt ihr Glück bereitwillig.

Spielen

Wenn die Kopflinie nach oben zum Merkurberg dreht, zeigt sie ein ruchloses Streben nach materiellem Erfolg. Dieses seltene Zeichen sieht man z. B. bei Millionären, die ihr Vermögen aus eigener Kraft erlangt haben. Ein Kreuz auf dem Jupiterberg verweist auf unverdienten Geldsegen. Untersuchen Sie den Mittelfinger eines möglichen Geschäftspartners. Ein Saturnfinger, der kürzer ist als Zeige- und Ringfinger, zeigt eine Spielernatur. Solche Menschen sind nicht verlässlich, außer sie gewinnen.

Harmonie

Eine glückliche und harmonische Arbeits- oder Liebesbeziehung mit einer anderen Person könnte von der Kompatibilität der Hände abhängen.

GLÜCK

Die Handlesekunst hat sich bisher nur wenig mit persönlichem inneren Glück beschäftigt. Allerdings gibt es verschiedene Indikatoren, nach denen man suchen kann. Bestimmte Handtypen passen besser zueinander als andere. Beachten Sie daher diese Regeln, um das Beste aus Ihren Beziehungen herauszuholen.

Wasserhand

Diese Menschen reagieren empfindlich auf Stimmungen und blühen auf, wenn sie ihre kreativen Kräfte voll ausleben können.

Lufthand

Lufthänder haben meistens viel Freude daran, ihren Verstand mit Rätseln und Denkspielen jeder Art herauszufordern.

Feuerhand

Menschen mit einer Feuerhand sind gern beschäftigt und zufrieden, wenn sie ein Vorhaben aus eigener Kraft beginnen, durchführen und beenden können.

Erdhand

Erdhänder ziehen es vor, etwas mit ihren eigenen Händen zu schaffen, und erfahren große innere Befriedigung aus dem Endergebnis.

Glück in der Hand

Bestimmte Zeichen in der Hand zeigen, dass der Besitzer über eine frohe Natur verfügt.

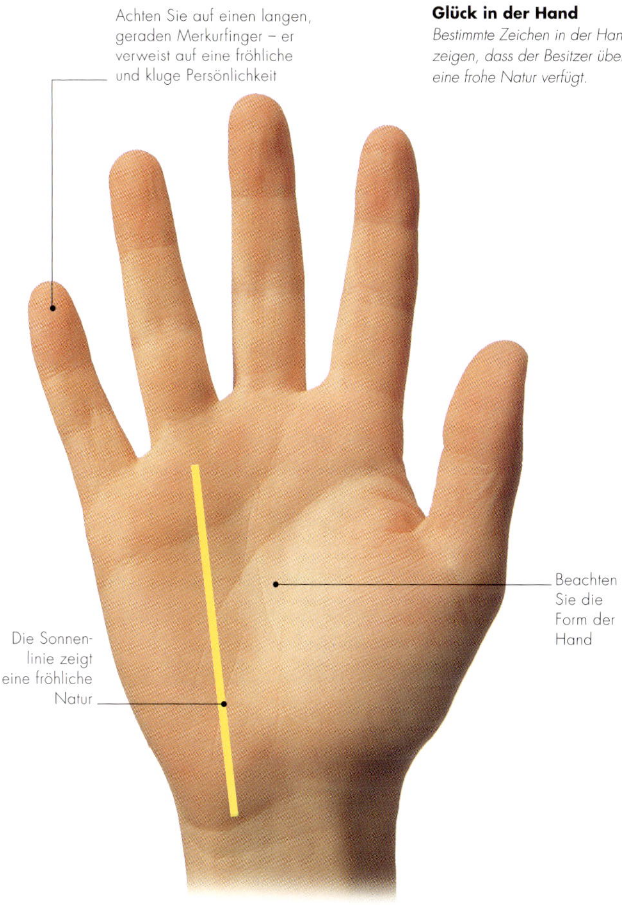

Glück analysieren

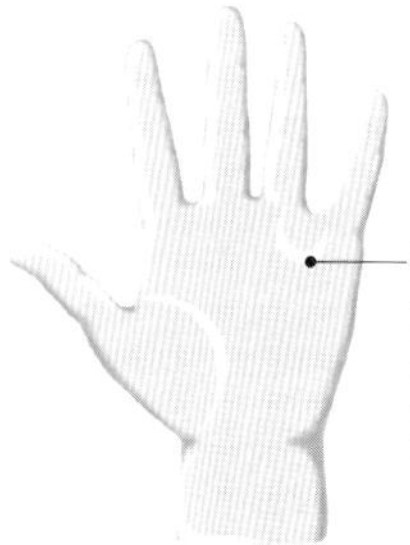

Die Schleife des Humors
Eine Schleife zwischen drittem und viertem Finger verweist auf Glück.

Wenn der Merkurfinger lang und gerade ist und mindestens bis zum ersten Gelenk des Zeigefingers reicht, drücken die Besitzer ihr inneres Glück und ihren Humor im täglichen Leben aus. Diese Menschen haben magische Persönlichkeiten und erhellen einen Raum, wenn sie ihn betreten. Mit einer weichen Handfläche haben sie eine ansteckende Fröhlichkeit und schätzen das gute Leben und lustige Geschichten. Zwischen dem dritten und vierten Finger findet man manchmal eine Schleife im Hautmuster, die auf eine glückliche Natur hinweist. Wenn sie sich in Richtung Apolloberg neigt, zeigt sich Sinn für Spaß und Absurditäten.

Kompatibilität

Manche Handtypen verstehen sich bei der Arbeit oder sozialen Aktivitäten fast ebenso gut miteinander wie Menschen mit ähnlicher Persönlichkeit. Zwei Menschen mit rechteckigen Händen kommen z. B. gut miteinander zurecht, weil sie die gleichen Ziele haben, aber sie können sich gegenseitig mit Regeln zum Stocken bringen. Eine rechteckige und eine konische Hand finden ihre gemeinsame Stärke, wenn sie dem anderen erlauben, sein Talent einzubringen – einer ist Realist, der andere kreativ. Eine rechteckige und eine spatelförmige Hand haben eine gemeinsame Motivationsgrundlage, weil beide gern Dinge erledigen.

Rechteckige mit philosophischen Hände sind nicht unbedingt abenteuerlustig, aber sie können erfolgreich sein. Zwei konische Hände haben entweder eine gute Beziehung oder sie sind empfindlich, launisch und bringen nichts zustande. Eine konische Hand versucht mit einer philosophischen zusammenzuarbeiten, aber dann prallt Rationales auf Irrationales.

Konische und spatelförmige Hände sind ein sehr motiviertes Duo beim Problemlösen, aber Ungeduld behindert sie. Wenn zwei Menschen mit philosophischen Händen zusammenarbeiten, erreichen sie exzellente Ergebnisse, sind aber niemals zufrieden. Philosophische und spatelförmige Hände leben und arbeiten auf einem Drahtseil und ein Donnerwetter ist wahrscheinlich.

Zwei spatelförmige Hände kommen wahrscheinlich gut zurecht, bis sie sich gegenseitig ausgelaugt haben, weil beide immer Recht behalten wollen.

Die Sonnenlinie

Die Sonnenlinie ist ein sicheres Zeichen einer strahlenden Natur mit insgesamt positiver Ausstrahlung. Solche Menschen führen und inspirieren andere durch puren Arbeitseifer. Wie jeder andere haben sie allerdings auch schlechte Zeiten.

Perfektes Timing

Während manche Menschen vielleicht vorsichtig ein Gericht nach dem anderen bei der richtigen Temperatur in den Ofen schieben und mit der Stoppuhr danebenstehen, wirft Anne alle Zutaten in einen Topf, schiebt ihn in den Ofen und kommt dann genau zur richtigen Zeit wieder.

FALLSTUDIE: DIE KÖCHIN

Kochen ist eine Kunst, man muss eine instinktive Ader dafür haben. Dazu gehören die körperliche Arbeit, das Wissen über die Zutaten und Kenntnis in Ernährungskunde. Die Präsentation spielt auch eine Rolle – es ist eine Sache etwas zu kochen, das Servieren ist eine ganz andere.

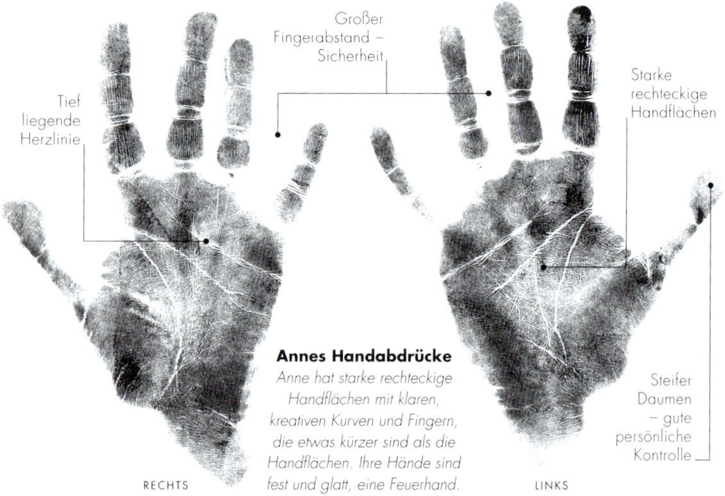

Annes Handabdrücke

Anne hat starke rechteckige Handflächen mit klaren, kreativen Kurven und Fingern, die etwas kürzer sind als die Handflächen. Ihre Hände sind fest und glatt, eine Feuerhand.

Feuerhand

Annes Feuerhand verweist auf einen sorglosen, aktiven Menschen voller Ideen, die auch in die Tat umgesetzt werden. Sie begreift nicht immer den Sinn einer Auseinandersetzung, nimmt etwas weniger wahr als andere und redet manchmal zu viel, aber meistens kommt sie zur rechten Zeit wieder auf den Boden der Tatsachen zurück – eine typische Feuerhand. Aber vielleicht liegt es auch an ihren Daumen, die etwas steif und unnachgiebig sind und auf gute persönliche Kontrolle hinweisen.

Anne, die Köchin

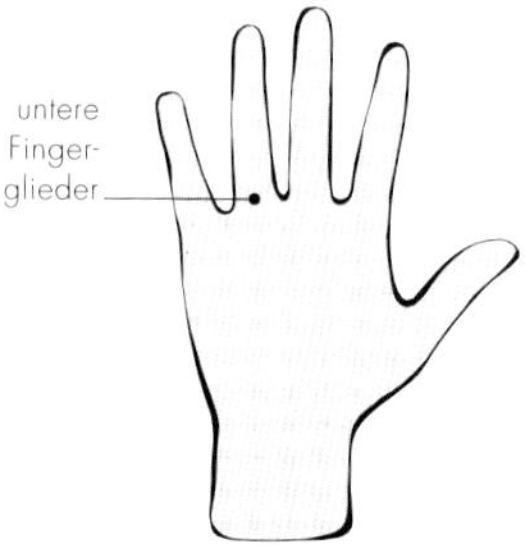

Verbreiterte untere Fingerglieder
Annes untere Fingerglieder weisen auf ihr Talent zum Kochen hin.

In beiden Händen beginnen Kopf- und Lebenslinien getrennt voneinander und sind nur durch wenige Einflusszeichen verbunden. Das betont ihre persönliche Sicherheit. Sie geht auch schon einmal ein Risiko ein und weiß, wie weit sie gehen kann. Der große Fingerabstand zeigt eine Vorliebe für Unabhängigkeit, aber ihre tief sitzende Herzlinie zeigt etwas anders: Sie emotional abhängig. So kommt es manchmal zu Konflikten zwischen Wünschen und Bedürfnissen. Jeder Finger hat ein verbreitertes unteres Fingerglied, besonders die Zeigefinger. Das ist immer ein Zeichen für jemanden, der gutes Essen nicht nur kennt, sondern auch weiß, wie er es effektvoll einsetzen kann. Es verweist auf Kochkünste schon in frühen Jahren.

Kreativ und sensibel

In ihrer rechten Hand findet sich eine leicht gebogene Kopflinie, die einmal mehr auf Interesse an kreativer Kunst statt an Wissenschaft verweist. In diesem Bereich kann sie sich am besten ausdrücken. Sie ist gern mit anderen zusammen und lässt ihre weiteren Talente – Handarbeiten und Floristik – einfach aussehen. Die Kopflinie in der linken Hand zeigt einen eher praktischen Ansatz an.

Die Lebenslinie der rechten Hand ragt weit in die Handfläche hinein, während die linke etwas enger verläuft. In ihren frühen Jahren musste sie sich in ihrem Ausdruck und ihrer natürlichen Lebenslust etwas zurückhalten. Diese Spannungen haben sich aber gelöst, als sie älter und reifer wurde. Sie ist jetzt lockerer, aber immer noch empfindlich. In ihrer rechten Hand findet sich ein stärkerer Venusgürtel als in der linken. Ab einem bestimmten Punkt wird sie ruhig und verändert sich. Enge Freunde könnten das nicht bemerken, entferntere schon eher.

Die Mittel- und Ringfinger neigen sich an beiden Händen zueinander. Sie geht vorsichtig mit Bedürfnissen um und braucht ständig Bestätigung, dass sie sich keine Sorgen machen muss.

Obwohl ihre linke Hand eine recht starke Schicksalslinie zeigt, ist diese Linie in der rechten Hand kaum erkennbar. Welche Hoffnungen sie in früheren Jahren auch hatte, heute sind alle verblasst. Allerdings zeigen beide Hände die Schleife der ernsten Absicht im Hautmuster zwischen Mittel- und Ringfinger: Sie hält doch noch an einigen Ambitionen fest.

Andere Fallstudien

Für weitere Fallstudien siehe Phil auf S. 186–189 und Alec auf S. 206–209.

Computerarbeit
Phil kann gut analysieren, wie die Daten für ein Projekt für bestmögliche Ergebnisse in den Computer eingegeben werden müssen und wie sie dann denen präsentiert werden sollten, die sie benötigen.

FALLSTUDIE: DER BUCHHALTER

Phils Arbeit beinhaltet verschiedene Analyse- und Prüfungsprozeduren. Er muss ständig auf Organisation und Methode achten und andere beraten. Er muss in Steuerangelegenheiten immer auf dem neuesten Stand sein und genau feststellen, was seitens des Staates und seitens der Firma benötigt wird. Weiterhin sichert er finanzielle Daten über alles, was in der Firma vor sich geht, und beobachtet Markttrends, falls er mögliche Geschäftsaktionen einschätzen muss.

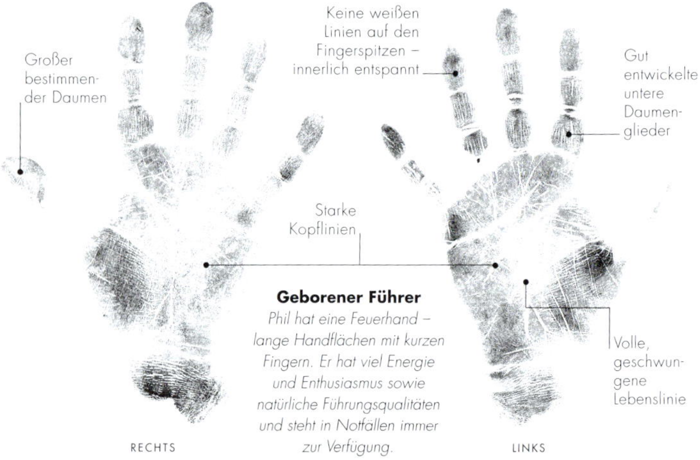

Geborener Führer
Phil hat eine Feuerhand – lange Handflächen mit kurzen Fingern. Er hat viel Energie und Enthusiasmus sowie natürliche Führungsqualitäten und steht in Notfällen immer zur Verfügung.

Voraussetzungen für den Beruf

Die Grundvorsaussetzungen sind eine erstklassige Ausbildung, Wahrnehmungsfähigkeit, Intelligenz und Beharrlichkeit. Er muss sich ausdrücken können, viel Aufmerksamkeit für Details zeigen, Fakten schnell erfassen und mit Menschen jeden Hintergrunds gut umgehen können. Seit Einführung des Computers muss er sich auch in diesem Bereich auskennen. Zum Glück hat er einen Sinn für Systemanalyse entwickelt.

Phil, der Buchhalter

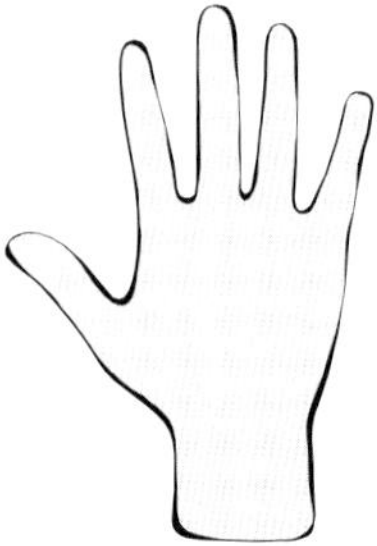

Unermüdlich

Phils volle, geschwungene Lebenslinie zeigt die Fähigkeit, lange und hart zu arbeiten.

In Phils Händen bemerkt man sofort die Stärke der Kopflinien. Wenn er muss, blendet er alles Unwesentliche aus, um sich auf das gegenwärtige Problem zu konzentrieren. Dabei kann er rücksichtslos erscheinen, aber der Job geht für ihn vor.

Die Bedürfnisse der Firma sind für ihn immer am wichtigsten. Er hat große, bestimmende Daumen: Man sollte mit Phil nicht streiten, es sei denn, man hat die richtigen Fakten, sonst wird man von ihm deutlich auf die Beachtung von Präzision und Detail hingewiesen.

Unabhängig und hart arbeitend

Phil hat eine volle, geschwungene Lebenslinie in beiden Händen, was auf die Fähigkeit hinweist, lange und hart zu arbeiten. Seine großen Handflächen fühlen sich fest an, die Berge sind gut proportioniert. Phil hat das Bedürfnis, allein zu arbeiten, was sich am kleinen Finger der linken Hand zeigt, der weit vom Ringfinger absteht. Dies wird durch die Zeigefinger bestätigt, die weit von den Mittelfingern abstehen. Das zeigt intellektuelle Unabhängigkeit.

Die unteren Glieder aller Finger sind gut entwickelt. Phil verfügt über einen starken Egoismus, der in Gesellschaft nicht hilfreich ist, aber im Geschäftsleben durchaus nützlich sein kann. Dies ist offenbar eine später entwickelte Eigenschaft, denn beide Herzlinien sind tief eingeschnitten. Die rechte liegt tiefer als die linke.

Emotional und kreativ

Tief im Inneren ist er sehr emotional, warm und aufmerksam, aber er vertraut anderen nicht, bis er sie ausgiebig beurteilt hat. Er empfindet tiefe Gefühle und würde normalerweise keiner Fliege etwas antun. Er kommt mit allen aus, die er trifft: Mann, Frau, Kind oder Tier, es sei denn, eine Entscheidung steht an. Er ist entspannt und nicht leicht aus der Ruhe zu bringen, aber das ändert sich, wenn er arbeitet oder wenn ihn die Pflicht ruft.

An beiden äußeren Handrändern sind kreative Kurven erkennbar. Wenn die Kurve im oberen Teil besonders deutlich ist, zeigt sie eine inspirierende und kreative Natur. Wenn sie unten deutlich hervortritt, zeigt der Besitzer eine praktischere Einstellung. Wenn sie, wie in diesem Fall, in der Mitte besonders deutlich ist, kann der Besitzer Dinge entwerfen und praktisch umsetzen. Phils Hauptinteresse neben seiner Arbeit ist die Fotografie.

Weitere Fallbeispiele

Weitere Fallbeispiele siehe Anne, die Köchin, auf S. 182–185 und Alec, der Ingenieur, auf S. 206–209.

EREIGNISSE DATIEREN

Es ist unmöglich, vorherzusagen, ob ein Ereignis an einem bestimmten Tag oder Datum geschieht, weil die Handlesekunst nicht so weit entwickelt ist oder jemals war. Die vielen Geschichten von brillanten Vorhersagen durch Handleser sind pure Erfindungen. Im Fernen Osten ist die Handlesekunst jedoch so eng mit der Astrologie verbunden, dass die verwendeten Datierungssysteme ganz offensichtlich eine astrologische Grundlage haben.

Wahrsager

Ein Wahrsager liest die Hand einer Frau, die wissen möchte, was die Zukunft für sie bereit hält.

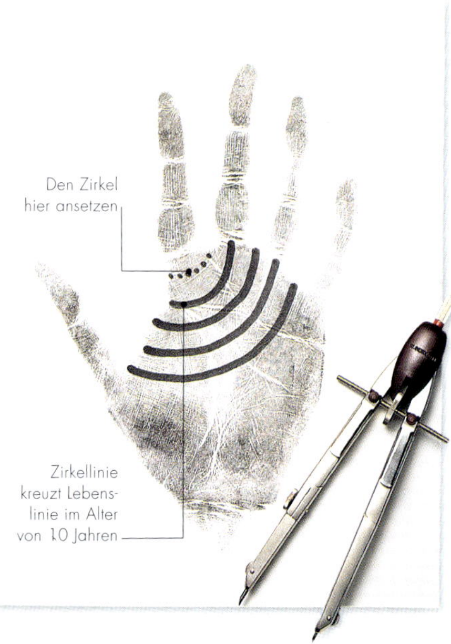

Zirkelmethode

Man sagt, dass diese eher altertümliche Methode von fahrenden Zigeunern verwendet wurde. Das kann man bezweifeln, aber das System führt oft zu guten Ergebnissen.

Handgröße

Anfänger des Handlesens machen oft den Fehler der Annahme, dass alle Hände gleich groß sind. Sie sind es nicht. Denken Sie daran, dass es lange und kurze, breite und schmale Hände und Linien gibt. Eine lange Lebenslinie reicht manchmal bis zum Handgelenk, eine kurze kann nur bis zur Hälfte der Handfläche führen.

Lebenslinie

1 Denken Sie sich eine Linie von der Mitte des Zeigefingeransatzes bis hinunter zur Lebenslinie. Wo sie die Lebenslinie kreuzt, liegt etwa das zehnte Lebensjahr.

2 Ziehen Sie eine weitere Linie von der Mitte zwischen Zeige- und Mittelfinger bis zur Lebenslinie. Dort befindet sich das 20. Lebensjahr.

3 Eine dritte Linie vom Ansatz des Saturnfingers berührt die Lebenslinie etwa beim 35. Lebensjahr.

4 In seltenen Fällen zeichnet man eine vierte Linie vom Ansatz des Ringfingers, welche die Lebenslinie beim Alter von 50 trifft.

Alter auf der Lebenslinie

Die Länge der Lebenslinie entspricht etwa 70 Lebensjahren. Wenn Sie diese Methode nutzen, sollten Sie Ihren Kunden bitten, bestimmte Daten anzugeben.

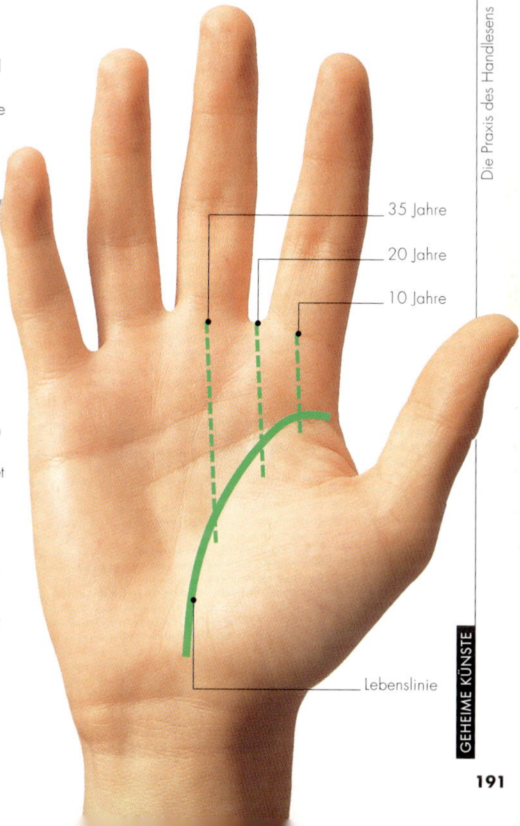

Ereignisse datieren

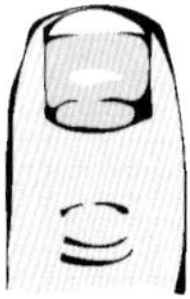

Fingernägel und Zeit
Man kann Ereignisse auch mithilfe von Markierungen auf den Nägeln datieren.

Man kann bestimmte Ereignisse vorhersagen, allerdings nur wenige Wochen. Aber selbst dann findet man die Information nur auf den Fingernägeln. Nägel brauchen etwa sechs Monate, um ganz nachzuwachsen. So kann man Zeichen auf den Nägeln zeitlich bestimmen.

Eine Markierung in der Mitte weist auf ein Ereignis, wahrscheinlich den Beginn einer Krankheit, drei Monate früher hin. Wenn die Lesung am 1. Juni stattfindet, sollte das Datum des Ereignisses zwischen dem 20. Februar und dem 10. März liegen – genauer geht es nicht.

Trotzdem gibt es einige wertvolle Datierungssysteme. Der Handleseschüler kann einige der besten und einfachsten hier ausprobieren.

Die Lebenslinie-Methode

Die erste Methode (siehe S. 191) trägt der tatsächlichen Größe der Hand oder der Tiefe der Linien nicht Rechnung, kann aber sehr akkurat sein, besonders in den frühen Jahren. Es ist hilfreich, wenn Sie der Person Fragen stellen, um Ereignisse in verschiedenen Zeitabschnitten zu ermitteln.

Nach einem Alter von 35 Jahren funktioniert das System nicht mehr. Es gibt nur wenige Menschen, deren Lebenslinie weit genug in die Handfläche ragt, um dort mit einer weiteren Linie zusammenzutreffen. Wenn man dennoch eine vierte Linie vom Ansatz des Ringfingers zeichnen kann, trifft sie die Lebenslinie etwa beim Alter von 50 Jahren. Hat man diese vorbereitenden Schritte durchgeführt, sollte es einfach sein, die Zeit auf dem Rest der Lebenslinie zu messen. Man kann mit dieser Methode auch auf anderen Linien die Zeit messen.

Die Zirkelmethode

Stellen Sie die Spitze eines Zirkels auf einem Handabdruck in die Mitte des Zeigefingeransatzes und das andere Ende an den Ansatz des Mittelfingers.

Halten Sie die Spitze fest auf dem Zeigefinger und drehen Sie das andere Ende bis hinunter zur Lebenslinie. An diesem Punkt der Lebenslinie befindet sich das Alter von etwa 10 Jahren. Ziehen Sie die Spitze des Zirkels bis zur Basis des Apollofingers und lassen Sie das andere Ende wieder bis zur Lebenslinie schwingen. Der Schnittpunkt liegt bei etwa 30 Lebensjahren.

Ziehen Sie die Spitze des Zirkels nun bis zum Ringfingeransatz und lassen Sie das andere Ende bis zur Lebenslinie schwingen. Nun kreuzt es die Linie bei etwa 50 Jahren. Da die Lebenserwartung früher deutlich niedriger war als heute, endet das Experiment hier.

Älter und weiser

Als diese Methoden erfunden wurden, lebten nur wenige Menschen länger als 50 Jahre. Ältere Menschen wurden sehr verehrt.

Sterne und Palmen
Im Fernen Osten stehen die Datierungssysteme des Handlesens mit den Sternzeichen der Astrologie in Verbindung.

EREIGNISSE DATIEREN

Neben der Lebenslinie-Methode und der Zirkelmethode gibt es weitere Datierungssysteme, die mit der Herz-, der Schicksals- oder der Sonnenlinie arbeiten. Deren Erfolg hängt davon ab, wie stark diese Linien in der Hand vorkommen. Probieren Sie aus, was Ihnen zusagt.

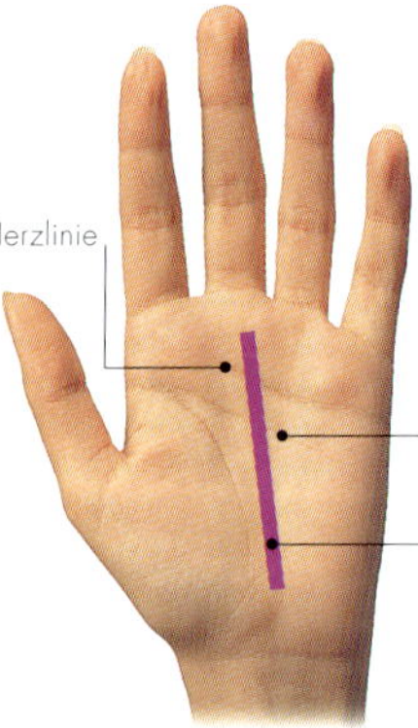

Zeit auf der Schicksalslinie
Sie können Ereignisse durch Schnittpunkte zwischen Schicksalslinie und Kopf- und Herzlinie datieren.

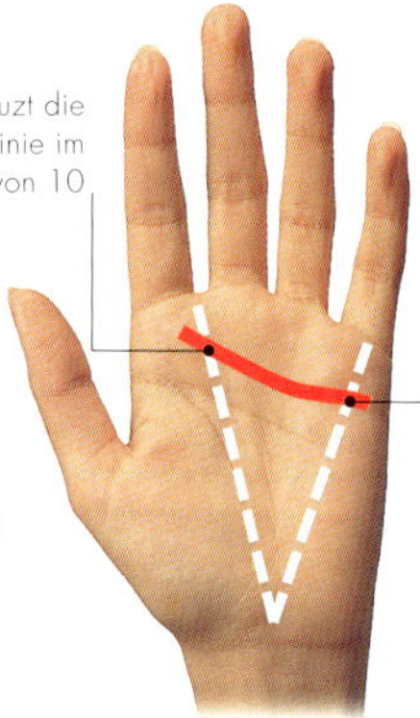

Zeit auf der Herzlinie
Denken Sie sich je eine Linie von der Handwurzel zum Jupiter- und Merkurfinger.

Fadenmethode

1 Legen Sie ein Ende des Fadens auf den Anfang der Lebenslinie auf dem Handabdruck. Legen Sie dann den Faden die Linie entlang, folgen Sie jeder Kurve bis zum Ende. Sollte sich die Linie gabeln, folgen Sie dem stärkeren der beiden Zweige.

2 Wenn Sie zum Ende der Linie kommen, schneiden Sie den Faden ab.

3 Falten Sie den Faden auf die Hälfte der Länge und legen Sie ihn wieder auf den Anfang der Linie. Der doppelte Faden endet auf der Hälfte der Lebenslinie etwa beim 36 Lebensjahr. Markieren Sie diesen Punkt auf dem Abdruck.

4 Halbieren Sie den Faden wieder und wiederholen Sie den Vorgang. Jetzt endet der Faden bei 18–20 Lebensjahren. Halbieren Sie ihn erneut, markiert der neue Punkt das Alter von 9–10 Jahren.

5 Wenn Sie diesen Vorgang für den unteren Teil der Lebenslinie vom markierten Punkt aus wiederholen, können Sie spätere Ereignisse datieren.

Kurve messen

Legen Sie einen Faden die Kurve der Lebenslinie entlang, falten Sie ihn dann nach der Fadenmethode links, um Daten zu bestimmen.

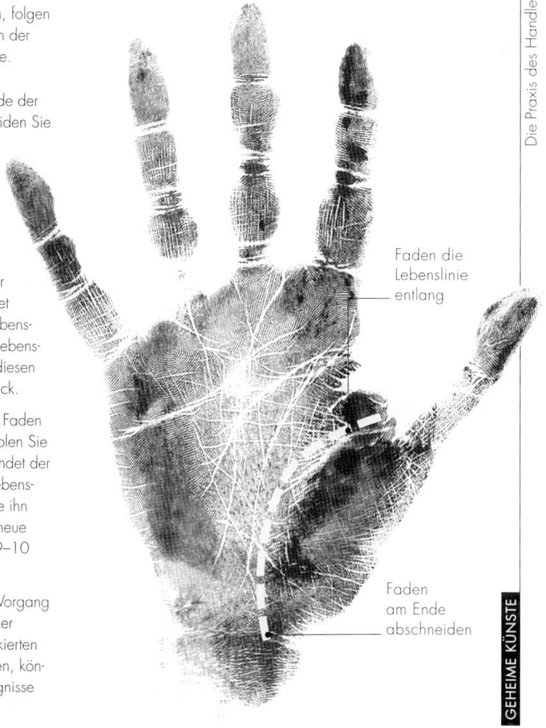

Ereignisse datieren

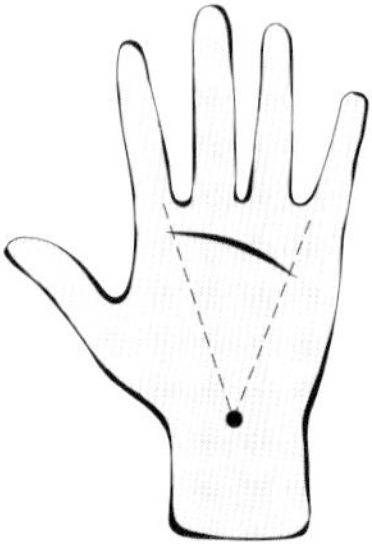

Herzlinie
Diese Datierungsmethode wurde von Zigeunern benutzt.

Die Fadenmethode

Diese Methode folgt dem gesunden Menschenverstand. Experimentieren Sie getrost damit, denn sie hat in der Vergangenheit zu guten Ergebnissen geführt. Die Methode nutzt einen Faden und ein Linieal – siehe S. 195 für die genaue Anleitung.

Diese Übung kann sowohl auf der Schicksals- als auch auf der Sonnenlinie erfolgreich sein, weil das Teilen und Unterteilen zu sehr guten Ergebnissen führt. Allerdings funktioniert sie, ebenso wie die anderen Methoden, nicht bei jedem. Trotzdem kann sie in Verbindung mit Fragen und Antworten zu akkuraten Datierungen führen.

Die Schicksals- und Sonnenlinien-Methode

Sie können jede dieser Methoden auf der Schicksalslinie anwenden, aber nicht, wenn diese fragmentiert ist. Am besten bestimmen Sie den exakten Mittelpunkt der Handwurzel und messen dann den Abstand zur Kopflinie, so als ob die Schicksalslinie vollständig wäre. Sie wissen, dass sie die Kopflinie bei 35–36 Lebensjahren und die Herzlinie bei etwa 45 Lebensjahren kreuzt.

Ermitteln Sie den Mittelpunkt der Schicksalslinie zwischen Handwurzel und Kopflinie. Dort liegt das Alter von etwa 18–20 Jahren. Teilen Sie jede Hälfte wieder, um die Jahre dazwischen zu ermitteln.

Die Herzlinienmethode

Denken Sie sich eine Linie vom Ansatz des Jupiterfingers bis zur Mitte der Handwurzel. Ziehen Sie eine zweite

Linie vom Ansatz des Merkurfingers bis zum gleichen Punkt der Handwurzel. Dort, wo die Linie vom Zeigefinger die Herzlinie schneidet, ist etwa das Alter von 10 Jahren. Manchmal beginnt die Herzlinie weiter in der Handmitte, vielleicht unter dem Saturnfinger. Dort, wo die Linie vom kleinen Finger über das Ende der Herzlinie führt, liegt etwa das Alter von 70 Jahren. Auf halber Strecke zwischen diesen beiden Kreuzungspunkten liegt das Alter von 35–36 Jahren. Die Teilungs- und Unterteilungsmethode kann benutzt werden, um andere Zeitpunkte zu bestimmen.

Einige moderne Handleser datieren Ereignisse auf völlig andere Weise. Sie beginnen ihre Datierung dort, wo die traditionellen Methoden aufhören. Der Handleseschüler ist also aufgefordert, mit den verschiedenen Methoden zu experimentieren.

Fragestunde

Stellen Sie zur Datierung immer Fragen, sodass sie den Zeitpunkt von Ereignissen besser bestimmen können.

KARRIEREFRAGEN

Ein Handleser kann die Stärken und Schwächen einer Person feststellen. Die Form und die Linien der Hand können Erfolgschancen in bestimmten Berufen andeuten. Um die Qualitäten und das Potenzial einer Person zu bestimmen, müssen Sie zuerst die Größe und Form der Hand unter besonderer Beachtung der Stellung und Größe der Finger bestimmen.

Hand einer Führungspersönlichkeit

Ein geborener Führer zeigt offene Hände mit geraden Fingern und großen Daumen.

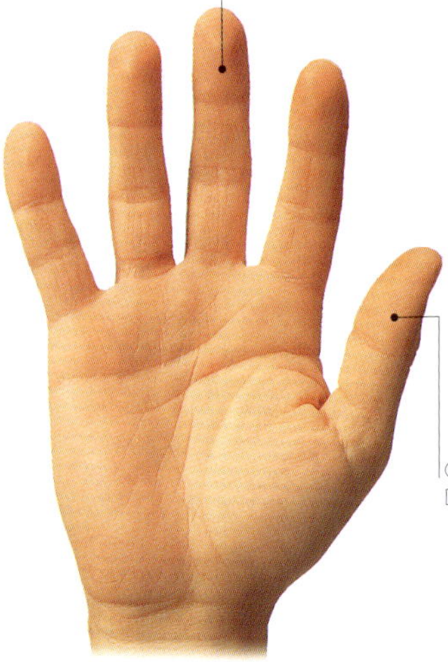

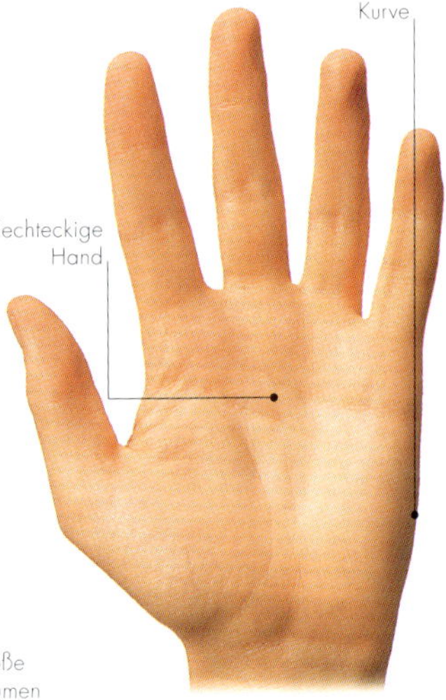

Praktische Hand

Eine rechteckige Hand deutet meist auf einen praktischen Typ hin – diese Hand weist eine leichte Ausbuchtung in der kreativen Kurve auf.

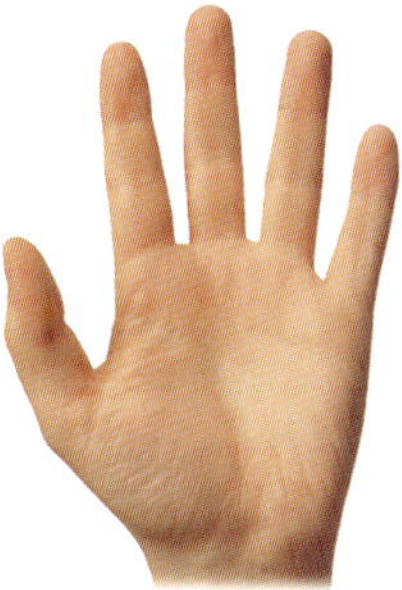

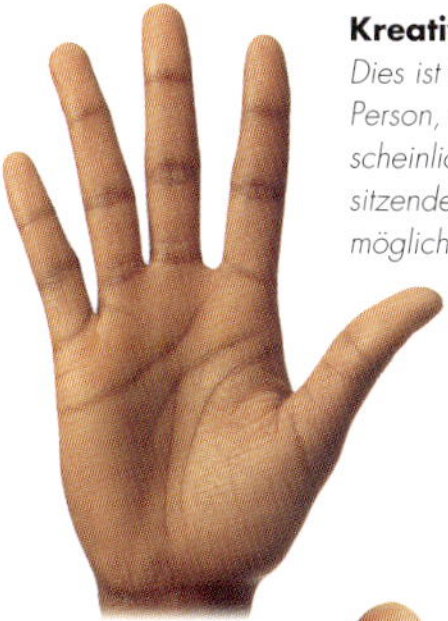

Kreative Hand
Dies ist die Hand einer kreativen Person, die sehr sensibel und wahrscheinlich ein Mitläufer ist. Der tief sitzende kleine Finger weist auf mögliche Minderwertigkeitsgefühle hin.

Hand eines Befehlsempfängers
Diese kleine Hand gehört einem Befehlsempfänger, der tut, was man ihm sagt.

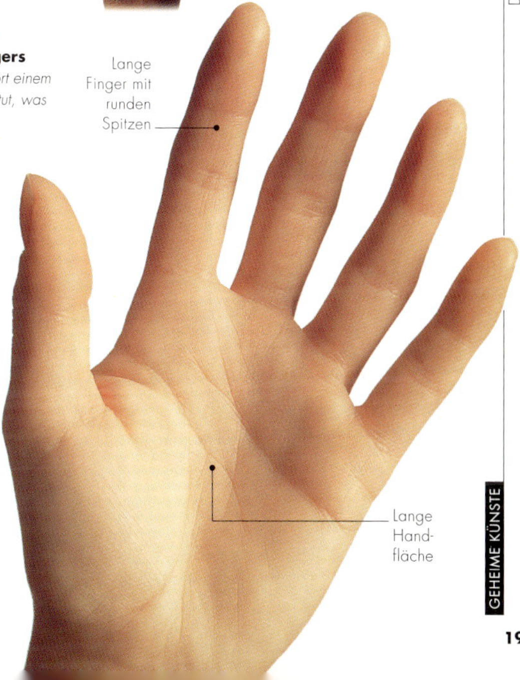

Runde Hand
Die runde Hand mit langer Handfläche und langen Fingern weist auf jemanden hin, der einen Beruf im Bereich der kreativen Kunst ergreifen wird.

Karrierefragen analysieren

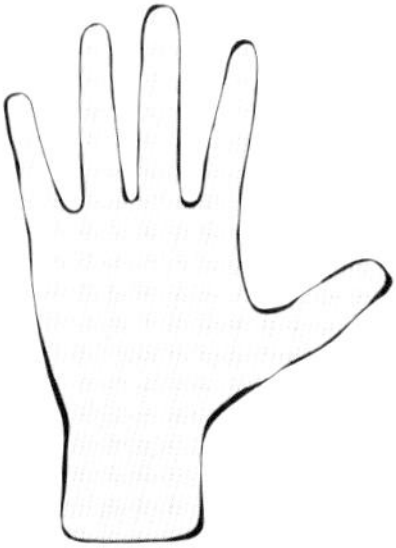

Daumen eines Anführers
Die Hand eines Anführers hat oft große, bestimmende Daumen.

Um festzustellen in welchem Bereich Ihr Kunde Karriere machen wird, müssen Sie erst nach der Rolle suchen, die er oder sie am besten spielen kann – Anführer oder Befehlsempfänger. Sie müssen nachsehen, ob die Person eine Führungskraft im Management oder besser geeignet ist, Anweisungen zu folgen.

Führungskraft

Führungskräfte haben viele Talente, aber Sie werden besonders das Machtgefühl spüren. Diese Menschen haben oft Hände, die im Vergleich zu ihrem Körper groß aussehen. Menschen mit Führungsqualitäten haben offene Hände, gerade Finger und große Daumen. Der Daumen steht fast immer von den Fingern ab, und ein starker rechter Daumen mit einem schwächeren linken weist auf einen starken Charakter und gute persönliche Kontrolle hin.

Befehlsempfänger

Die Hände eines Befehlsempfängers oder Mitläufers sind etwas kleiner und gehören oft zum geschlossenen Typ mit Fingern, die sich Richtung Handfläche krümmen. Der Zeigefinger ist grundsätzlich kürzer als der Ringfinger und meist fühlt sich die Hand weich und nachgiebig an.

Der kleine Finger sitzt tief und die Person hat Minderwertigkeitsgefühle. Ein tief sitzender Zeigefinger deutet auf einen Mangel an Selbstsicherheit und auf Angst vor dem Rampenlicht hin. Wenn beide Zeigefinger tief sitzen, ist die Person sehr empfindlich und kann leicht verletzt werden.

Praktisch oder kreativ?

Wir haben schon gelernt, dass rechteckige Hände praktisch sind, runde Hände kreativ usw. Praktische Menschen sind nicht immer gute Anführer, weil sie sich darauf konzentrieren, dass ein Job erledigt werden muss, und sie von Vorschriften behindert werden können. Kreative Menschen haben viele Linien in der Hand, weil ihr Geist niemals still steht. Wenn sich die Handfläche nicht fest anfühlt und die Finger länger als die Handfläche sind, kümmern sie sich meist um das Hier und Jetzt und können nicht gut vorausplanen.

Kleine, schmale Hände arbeiten gern im Hintergrund und können oft gut mit Zahlen umgehen. Große Hände ziehen es vor, an der frischen Luft zu sein und müssen – wie auch die spatelförmige Hand – frei von Einschränkungen sein, um gut funktionieren zu können.

Handformen

Weitere Informationen zu den Handformen finden Sie auf S. 14–15 und 22–29.

WELCHER BERUF?

Auf Grundlage der Richtlinien der letzten Seiten finden Sie hier eine kleine Reihe von Berufen in Verbindung mit passenden Handtypen. Einige Paarungen werden Sie vielleicht überraschen. Für diese verschiedenen Berufe und Berufungen benötigt man offenbar sehr spezielle Voraussetzungen, aber Menschen, die den jeweiligen Beruf ausüben, haben tatsächlich die jeweilige Handform und -linien.

Unterhaltungsbranche
Ein Schauspieler verfügt wahrscheinlich über eine tief geschwungene Herzlinie vom Jupiterberg aus mit einem angedeuteten Venusgürtel, der seine Sensibilität noch betont.

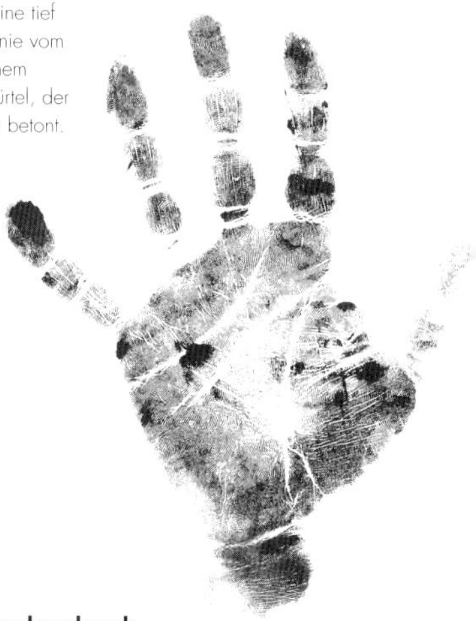

Bauhandwerk
Die Hände eines Bauarbeiters sind meist rechteckig und haben gut entwickelte Berge sowohl im oberen wie auch im unteren Teil der Hand.

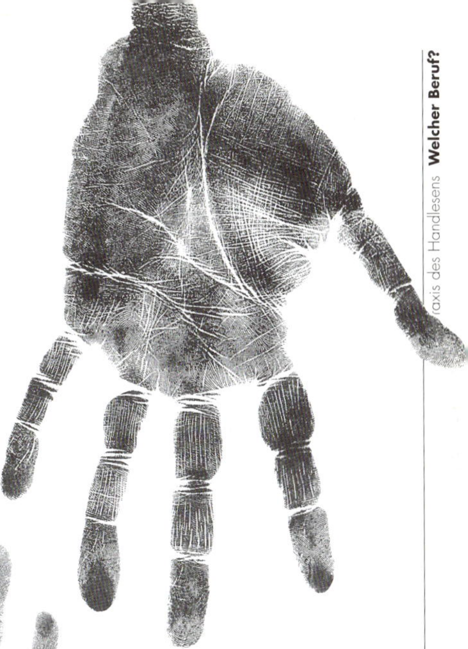

Militär

Menschen, die in der Armee Karriere machen wollen, sollten eine feste rechteckige Hand mit starker Kopflinie haben – dies verweist sowohl auf starke Führungskraft wie auch auf Teamfähigkeit.

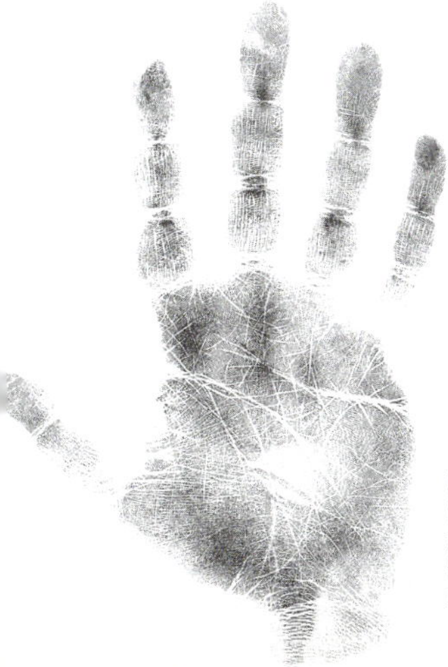

Pharmazeutik

Apotheker brauchen lange, biegsame Finger und Sinn für Details. Sie sind in einer Position, in der das Mischen oder Vertauschen von Medikamenten sehr gefährlich wäre. Sie müssen immer hellwach sein und gut nachdenken.

Lehrer

Eine feste runde Hand eignet sich gut zum Umgang mit kleinen, eine spatelförmige oder rechteckige Hand zum Umgang mit älteren Kindern.

Welcher Beruf?

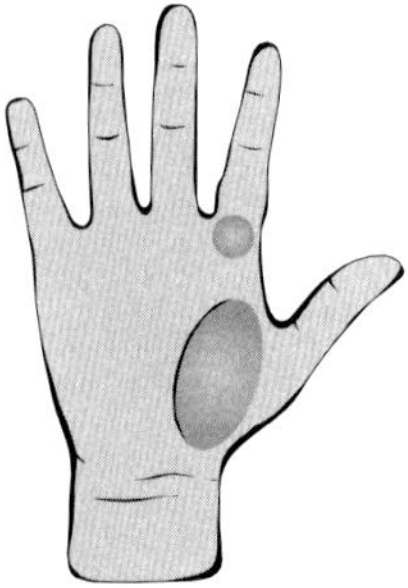

Die Hand eines Kochs
Ein talentierter Koch hat gut entwickelte Jupiter- und Venusberge.

Pharmazeutik

Hier braucht man lange Finger, weil es um Detailarbeit geht. Die Daumen sollten lang und biegsam sein. Eine lange, etwas abfallende Kopflinie ist von Vorteil. Die Herzlinie sollte ziemlich ausgewogen sein, zwischen Saturn- und Jupiterberg beginnen und tief in der Handfläche liegen.

Bauhandwerk

Die Berge und unteren Glieder von Bauarbeitern sind gut entwickelt, weil sie körperliche Arbeit verrichten. Die Lebenslinie ist tief eingeschnitten, was auf eine gute Konstitution verweist.

Gärtner oder Landwirt

Diese Berufsgruppe hat große rechteckige Hände mit knotigen Fingergelenken. Eine praktische Veranlagung in Verbindung mit der Fähigkeit vorauszuplanen ist hier gefragt. Die unteren Fingerglieder sind gut entwickelt. Das mittlere Glied des Saturnfingers ist länger als üblich. Die Kopflinie sollte nicht zu lang sein, weil man eine praktische und flexible Art benötigt.

Lehrer

Ein langer Zeigefinger ist wichtig, um für Disziplin zu sorgen. Die Herzlinie sollte am Jupiterberg beginnen und unter dem Merkurberg enden. Das Fach zeigt sich an der Kopflinie: eine lange abfallende Linie, die den Mondberg berührt, ist gut für den künstlerischen und geisteswissenschaftlichen Bereich; für die Naturwissenschaft eignet sich eine gerade Linie besser.

Militär

Hier ist eine feste rechteckige Hand mit ausgewogener Kopflinie typisch, die gleich neben der Lebenslinie beginnt. Die Berge sind stark ausgebildet und die Schicksalslinie sollte vom Handgelenk bis in die Handfläche deutlich zu sehen sein – die Person kann Befehle geben und empfangen. Die Mitte der Hand, der Marsbereich und die Maus müssen sich fest anfühlen. Die Herzlinie sollte für den Fall einer Beförderung auf dem Berg des Zeigefingers beginnen.

Unterhaltungsbranche

Die Hand sollte etwas größer sein, einen flexiblen Daumen und eine lange abfallende Kopflinie aufweisen, die auf dem Mondberg endet. Eine gerade, ununterbrochene Schicksalslinie vom Mondberg zum Jupiterfinger zeigt Entschlossenheit und Zielstrebigkeit.

Kochkunst

Um herauszufinden, welche Eigenschaften ein guter Koch haben muss, beachten Sie die Fallstudie auf S. 182–185.

Ingenieurskunst

Ein guter Ingeneur benötigt exzellente Organisationsfähigkeit und Sinn für Details, um mit komplexer Technik arbeiten zu können.

FALLSTUDIE: DER INGENIEUR

Elektrotechnik beschäftigt sich vor allem mit Automation und der instrumentellen Kontrolle von Computern und Telekommunikationsgeräten. Beide Bereiche erfordern ein hohes Maß an Kompetenz. Alec ist seit über zehn Jahren Produktionsleiter und seine Arbeit umfasst beide Tätigkeitsbereiche.

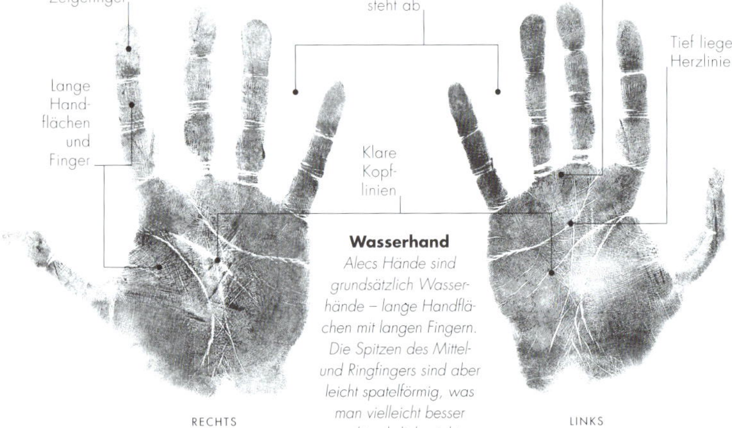

Wasserhand

Alecs Hände sind grundsätzlich Wasserhände – lange Handflächen mit langen Fingern. Die Spitzen des Mittel- und Ringfingers sind aber leicht spatelförmig, was man vielleicht besser rechts als links sieht.

Produktionsleiter

Seit seinem Studium der Elektrotechnik arbeitet Alec für einen großen Fernsehsender, wo er Film- und Videogeräte verwaltet und bei der Zusammenstellung der Programme mitarbeitet. Er muss sicherstellen, dass das ausgestrahlte Material dem höchsten Standard entspricht. Wenn sich ein Fehler ereignet, muss er das Programm so schnell wie möglich wieder zum Laufen bringen.

Alec, der Ingenieur

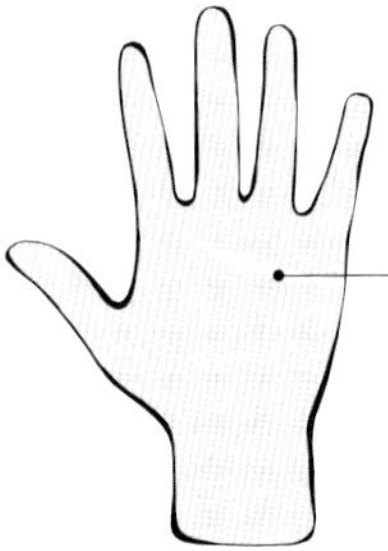

Tief liegend
Alecs Herzlinie zeigt starke Emotionen und Wärme – er empfindet tiefe Gefühle.

Für Alecs Beruf braucht man eigentlich kleinere Hände. Er macht dies aber durch klare Kopflinien und gleichmäßig hoch sitzende Finger wett, die auf viel Selbstvertrauen schließen lassen. Menschen mit Wasserhänden sind sehr sensibel. Stimmungen, Farben und Atmosphäre berühren sie und ihre Launen sind schwer vorherzusehen.

Organisationstalent

Alec muss mit beiden Beinen fest auf der Erde bleiben, weil er sich sonst verzettelt. Während er konventionelle Ansichten hat, weist die rechteckige Handfläche auf eine eher extrovertierte Natur hin. Er wird immer darauf bestehen, dass alles seinen Platz haben muss, und es einen bestimmten Platz für jedes Ding gibt.

Alec kann mit anderen und für andere organisieren. Dies ist seine zweite Natur, vorausgesetzt er entscheidet, dass es die Mühe wert ist.

Kreativität und Energie

Beide Handflächen zeigen klare kreative Kurven. Die linke weist etwas weiter nach oben als die rechte. Mit so wenigen Linien könnte man seine Hände als leer bezeichnen. Er hat nur die vier Hauptlinien und sehr wenige kleinere Einflusszeichen.

Beide Daumen sind stark und beide Kopflinien zeigen, dass er sich lange konzentrieren kann. Allerdings kann er auch entspannen und loslassen, wenn er mit der Arbeit aufhört und Dampf ablassen kann. Die festen und für seine Körpergröße kleinen Hände zeigen viel

Energie für alle Unternehmungen, aber er hat auch eine faule Ader, denn beide Venusberge sind ziemlich ausgeprägt und reichen weit in die Hand hinein.

Ambitionen

Die Hände weisen eine klare Ambitionsschleife zwischen dem zweiten und dritten Finger auf und eine Humorschleife zwischen dem dritten und vierten. Alec ist ehrgeizig und hat Pläne für die Zukunft, zeigt Unabhängigkeit und lässt sich nichts in den Weg stellen, aber er kennt auch seine Grenzen.

Er hat eine Reihe von Schleifen auf den Fingerspitzen und einen Wirbel auf dem Zeigefinger der rechten Hand. Dies verstärkt seine Ideale und Ambitionen, verhilft ihm aber manchmal zu einer dickköpfigen Art. Befehlen Sie ihm niemals etwas – bitten Sie ihn lieber höflich.

Weitere Fallbeispiele

Für weitere Fallbeispiele siehe Anne, die Köchin, auf S. 182–185 und Phil, den Buchhalter, auf S. 186–189.

Das Unbekannte
Einflusslinien und besondere Zeichen können zeigen, was vor Ihnen liegt.

UNVORGESEHENES

Niemand sollte von sich behaupten, er könne wirklich die Zukunft voraussagen, denn das wäre eine Lüge. Menschen, die mit Wahrsagerei – Astrologie, Tarot, Runen und Handlesen – zu tun haben, können allerdings manchmal bemerkenswerte Aussagen über zukünftige Ereignisse machen.

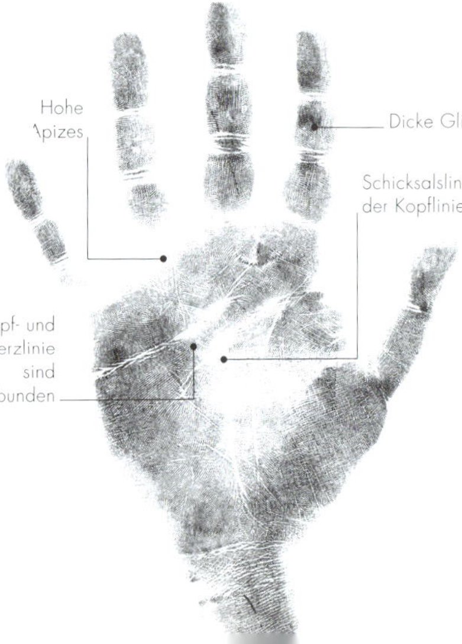

Berufsprobleme
Auf diesem Abdruck zeigen die hohen Apizes großen Idealismus, der Entscheidungen im Weg steht. Die verbundenen Kopf- und Herzlinien verweisen auf die Fähigkeit, ein Ziel zu verfolgen. Die Schicksalslinie endet an der Kopflinie – ein Hinweis darauf, dass die Karriere durch eine schlechte Entscheidung beendet wird. Die dicken Glieder zeigen eine egoistische Natur.

Weiße Linien

Horizontale Linien

Weiße Linien, die horizontal über das erste Glied des Jupiterfingers verlaufen, zeigen Unsicherheit. Mögliche Eheprobleme werden betont, wenn sie auf dem Saturn- oder Apollofinger auftreten. Auf dem Merkurfinger verweisen sie auf Kommunikationsprobleme.

Vertikale Linien

Auf dem Jupiterfinger weisen sie auf Probleme der Hirnanhangsdrüse hin. Am Saturnfinger verweisen sie auf Probleme mit der Zirbeldrüse. Das Herzkreislaufsystem könnte betroffen sein, wenn sie auf dem Apollofinger erscheinen, während Linien auf dem Merkurfinger Schilddrüsenprobleme zeigen könnten.

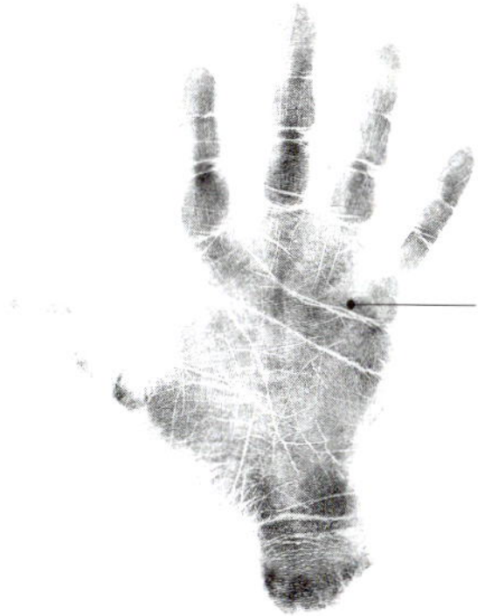

Seh- oder Hörbeschwerden

Achten Sie auf Inseln auf der Herzlinie. Diese warnen vor möglichen Seh- oder Hörproblemen.

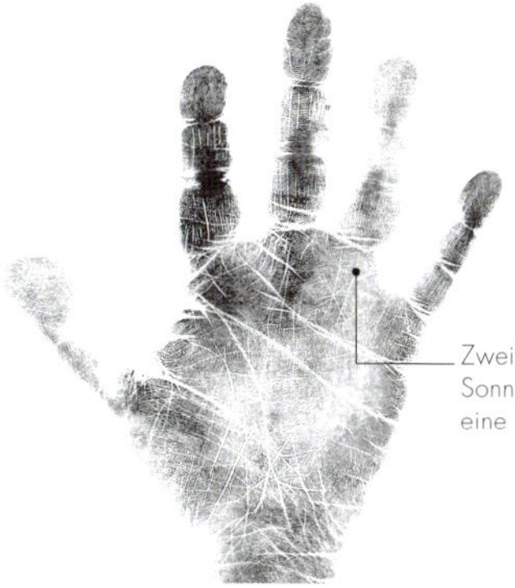

Doppelter Erfolg

Zwei Sonnenlinien zeigen zwei erfolgreiche Karrieren. Der Stern betont den Erfolg.

Zeit in der Hand lesen

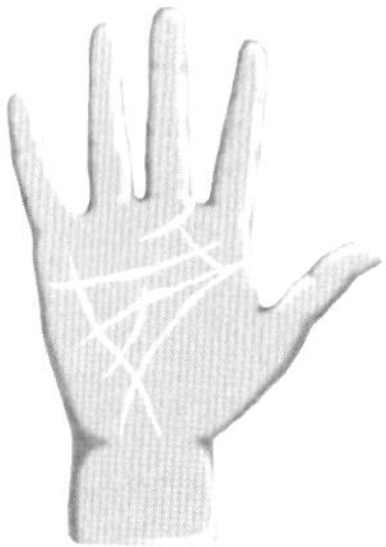

Blick in die Zukunft
Untersuchen Sie die Hände auf besondere Zeichen und Einflusslinien.

Es ist für jeden Menschen einfach, bestimmte Voraussagen zu treffen. Nach einer Untersuchung kann z. B. ein Arzt mit Sicherheit sagen, ob es Ihnen in einigen Tagen gut oder schlecht gehen wird. Ein Handleser kann auf Basis dessen, was er in den Händen findet, ebenfalls – in bestimmten Grenzen – zukünftige Ereignisse vorhersagen. Wenn der Charakter eines Kunden gut bestimmt wurde, sollte er auch die Reaktionen in bestimmten Umständen vorhersagen können. Wenn Sie dies akzeptieren, können Sie auch einsehen, dass er Einflusslinien nach Angelegenheiten untersucht, die in der Zukunft geschehen werden, sie interpretiert und entsprechende Aussagen macht. Dieses Buch ist voll mit Informationen zu diesem Thema.

Ereignisse vorhersagen

Wenn die Lebenslinie in beiden Händen am gleichen Punkt gebrochen ist , kann der Handleser zur Vorsicht raten, weil dies auf einen ernsten Unfall zu diesem Zeitpunkt hinweist.

Wenn an einer Hand ein Quadrat die gebrochenen Enden überdeckt, wird der Handleser sagen, dass sich zwar ein Unfall ereignet, die Person sich aber erholen wird. Emotionale Unruhe, ein Umzug und ein veränderter Lebensstil könnten sich andeuten.

Eine kleine Einflusslinie von einer der Linien der Zuneigung – den alten Heiratslinien –, die sich mit der Herzlinie vereinigt, ist ein Zeichen für Unruhe oder Trennung vom Partner. Eine Einflusslinie könnte von der Herzlinie an dem Punkt abzweigen, an dem diese

Einflusslinie mündete, und von dort bis zur Lebenslinie führen. Die Lebenslinie könnte an diesem Punkt oder kurz danach schwächer erscheinen, was auf einen veränderten Lebensstil hinweist. Zur Datierung sehen wir nach, wo die Einflusslinie in die Lebenslinie mündet. Wenn Sie auch den Punkt ermitteln können, an dem die Einflusslinie die Herzlinie verlässt, lässt sich die Theorie bestätigen.

Sie müssen lernen, die Zeit in Händen relativ zügig zu lesen. Benutzen Sie dazu die Fadenmethode. Nehmen Sie die Lebenslinie als Grundlage. Legen Sie die Lebenslinie von Beginn bis Ende mit einem Faden nach, schneiden sie diesen dann ab. Falten Sie ihn auf die Hälfte und legen Sie ihn wieder an die Lebenslinie. Wo er jetzt endet, befindet sich das 35. Lebensjahr. Der Rest ergibt sich daraus.

Ereignisse datieren

Für weitere Informationen zur Datierung von Ereignissen in der Hand siehe S. 190–197.

DIE ZUKUNFT

Stellen Sie ruhig Fragen. Wenn Sie mehr Übung haben und lernen, besondere Punkte aus der Vergangenheit herauszupicken, wird Ihr Kunde auch über die Zukunft Bescheid wissen wollen. Einige Regeln, die es z. T. seit vielen Jahrhunderten gibt, helfen Ihnen, noch viele weitere Besonderheiten festzustellen. Man bräuchte allerdings ein drei- oder viermal so dickes Buch, um alle aufzulisten.

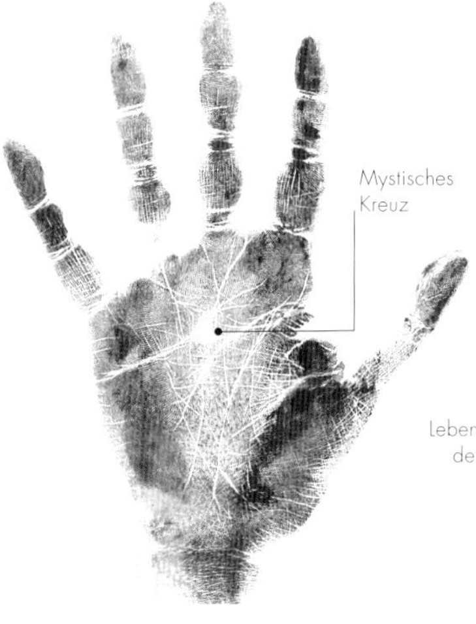

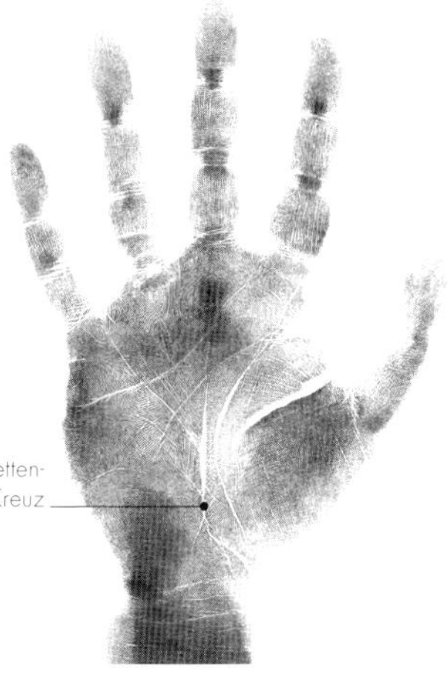

Das mystische Kreuz

Dies ist ein klar gezeichnetes Kreuz, das man unter dem Mittelfinger zwischen Kopf- und Herzlinie findet und das auf ein Interesse am Okkulten hinweist, vielleicht verbunden mit der Heilkunde.

Lebensrettendes Kreuz

Man findet es zwischen Lebens- und Schicksalslinie, etwa 4–6 cm vom Handgelenk entfernt. Es deutet vielleicht nicht auf einen Lebensretter hin, aber doch auf jemanden, der zum Wohle anderer arbeitet.

Vorwarnung

Vorgewarnt ist schon fast geschützt. Sie können nicht immer wissen, was vor Ihnen liegt. Verwenden Sie also Ihre Handlesekunst, um mögliche Fallen zu erkennen.

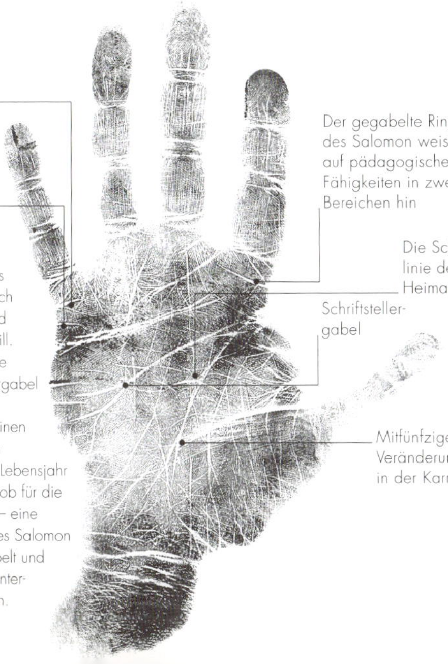

Karriereveränderung

Dies ist die Hand eines Fünfzigjährigen, der sich beruflich verändern und Schriftsteller werden will. Die Kopflinie weist eine eindeutige Schriftstellergabel auf. Die Gabel in der Lebenslinie weist auf einen kompletten Wandel im Lebensstil um das 50. Lebensjahr hin. Er war in seinem Job für die Ausbildung zuständig – eine Gabe, die der Ring des Salomon zeigt. Dieser ist gegabelt und verweist so auf zwei unterschiedliche Fähigkeiten.

Besondere Zeichen

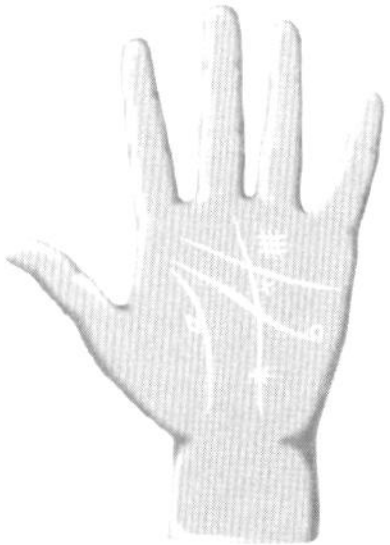

Ort und Stelle
Man sollte besonders darauf achten, wo auf der Hand sich Markierungen zeigen.

Besondere Zeichen müssen in Bezug auf ihre Stelle in der Hand interpretiert werden. Wenn sie auf einer Linie liegen, sollten sie möglichst datiert werden. Eine Markierung auf der Daumenspitze, dem Gebiet der Vernunft, betont oder behindert diese Energie.

Quadrat der Abgeschiedenheit

Ein Quadrat innerhalb der Lebenslinie, das diese leicht berührt, weist auf eine Zeit in Abgeschiedenheit hin, z. B. auf einen Gefängnisaufenthalt oder die Person könnte Mönch oder Nonne sein.

Sterne

Diese Zeichen verweisen generell auf Ereignisse und ihre Fundstelle intensiviert diese noch. Ein Stern auf oder am Ende jeder Linie deutet immer auf bevorstehende positive oder negative Ereignisse hin. Auf der Kopflinie zeigt ein Stern eine schlechte Entscheidung oder eine Kopfverletzung an. Auf der Herzlinie bedeutet ein Stern emotionale Schwierigkeiten.

Ein Stern am Ende der Schicksals- oder Sonnenlinie weist auf Erfolg hin. Wenn er auf der Lebenslinie gefunden wird, deutet er eine persönliche Verletzung an. Ein Stern auf dem ersten Glied des Mittelfingers soll auf Glück im Unglück hinweisen. Ein Stern auf dem dritten Glied des Ringfingers verweist auf Talent und Berühmtheit. Ein Stern auf dem dritten Glied des kleinen Fingers deutet auf Geist und Eloquenz hin.

Balken

Balken, die über einer Linie oder horizontal liegen, weisen für gewöhnlich auf Hindernisse hin. Flecken ebenso, aber mit schwächeren Auswirkungen.

Gitter

Ein Gitter repräsentiert grundsätzlich eine destruktive Kraft, weil es aus einer Reihe von Linien besteht, die nirgendwohin führen. Auf dem Venusberg deutet es eine Energieverschwendung bei fruchtlosen Aktivitäten an. Das Gitter lenkt immer von der Kraft einer Linie ab. Auf dem Zeigefinger weist es auf Besitzgier hin, auf dem kleinen Finger auf Unehrlichkeit.

Kreise

Sie sind relativ selten, aber wenn man sie findet, hält man sie abseits einer Linie oft fälschlicherweise für schlecht geformte Dreiecke oder Quadrate. Auf einer Linie kann ein Kreis auch eine Insel sein. Ein eindeutiger Kreis auf dem Apolloberg am Ende der Sonnenlinie weist auf Brillanz hin. An anderen Stellen ist er ein schlechtes Zeichen.

Besondere Zeichen

Für weitere Informationen zu besonderen Zeichen und ihrer Bedeutung siehe S. 92–93.

GLOSSAR

Apex Treffpunkt der Linien im Hautmuster.

Apollofinger Ringfinger oder dritter Finger der Hand.

Armbänder siehe Rascetten.

Balken Kurzes horizontales Einflusszeichen auch auf Linien, verweist auf ein Hindernis.

Berge Fleischige Erhebungen unterhalb der Finger.

Bogenmuster Eines des Hautmuster, ähnelt einer Brücke.

Chirognomie Studium der Grundform der Hand.

Chiromantie Studium der Linien der Hand.

Dermatoglyphie Studium der Hautmuster auf Fingern und Handfläche.

Dreieck Muster von Linien auf der Handfläche oder den Fingern.

Einflusszeichen Kleine Linien oder Muster auf der Hand.

Familienring Linie, meist mit Kettenmuster, die das zweite und dritte Daumenglied verbindet.

Gesundheitslinie Anderer Name für Merkurlinie.

Gitter Kleine vertikale und horizontale Einflusslinien, die ein Gittermuster bilden.

Glied Abschnitt zwischen den Fingerknochen.

Halbmonde Kleine, weiße, halbmondförmige Muster am Ansatz der Fingernägel.

Hepatica Alter Name für die Merkurlinie.

Herzlinie Linie, die unter dem Zeigefinger beginnt und leicht gebogen zum äußeren Handrand führt.

Insel Kleines Zeichen auf einer Linie, verweist auf Schwäche.

Jupiterfinger Erster oder Zeigefinger.

Kette Kleine Inseln, die eine Linie mit einem Kettenmuster versehen.

Konische Hand Überlieferter Name für runde Hand.

Kopflinie Linie, die nahe der Lebenslinie am inneren Handrand beginnt und in die Handfläche führt.

Kreative Kurve Klar entwickelte Kurve auf dem äußeren Handrand.

Kreuz Ein Einflusszeichen, das überall auf der Hand erscheinen kann.

Lebenslinie Beginnt am inneren Handrand, führt um den Venusberg herum zum Handgelenk.

Lebensrettendes Kreuz Kreuz, das die Lebens- und Schicksalslinie etwa 4–6 cm vom Handgelenk entfernt berührt.

Leere Hand Handfläche mit wenigen erkennbaren Linien.

Marslinie Linie parallell zur Lebenslinie.

Marszone Zentraler Teil der Handfläche zwischen den Bergen.

Merkurlinie Linie von der Lebenslinie direkt zum Merkurberg.

Milieulinie Variante der Schicksalslinie.

Mischform Hautmuster mit Bogen-, Schleifen- oder Wirbelvariante.

Mittelfinger Der zweite oder Saturnfinger.

Mystisches Kreuz Kreuz unter dem Mittelfinger zwischen Kopf- und Herzlinie.

Perkussion Äußerer Handrand.

Quadrat Muster auf Handfläche oder Fingern.

Radial Daumenseite oder aktive Seite der Hand.

Rascetten Gruppe horizontaler Linien auf der Innenseite des Handgelenks, auch Armbänder genannt.

Rillen Teile des Hautmusters; auch horizontale oder vertikale Zeichen auf den Fingernägeln, verweisen auf Stress und Anspannung.

Saturnfinger Zweiter oder Mittelfinger.

Schicksalslinie Beginnt am Handgelenk und führt direkt zum Ansatz des Mittelfingers.

Schleife Hautmuster. Es gibt zwei Typen: die ulnare und die radiale Schleife.

Simian-Linie Miteinander verschmolzene Kopf- und Herzlinie.

Stern Muster von Linien auf Handfläche oder Fingern.

Stigmata des Heilens Reihe von vier oder fünf kurzen, vertikalen Linien auf der inneren Seite des Merkurberges.

Sydney-Linie Kopflinie, die über die gesamte Handfläche verläuft.

Tri-Radius Treffpunkt verschiedener Hautmuster.

Ulna Äußerer Handrand, auch Perkussion oder instinktive Seite genannt.

Venusgürtel Kleine halbkreisförmige Linie, auch gebrochen, vom Jupiterberg zu Apollo- und/oder Merkurberg.

Via lasciva Kleine horizontale oder halbrunde Linie, die Mond- und Venusberg miteinander verbindet.

Volle Hand Handfläche mit vielen Linien.

Wirbel Eines der Hautmuster, eine Reihe konzentrischer Kreise.

Zeigefinger Erster oder Jupiterfinger.

Zeltdach Hautmuster, das einer spitzen Schleife ähnelt.

WEITERE TITEL IN DIESER REIHE:

NUR € 3.99

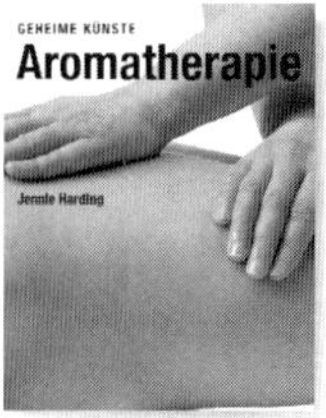

Aromatherapie
Jennie Harding
ISBN 3-8228-2483-6

Reflexzonen-massage
Chris McLaughlin &
Nicola Hall
ISBN 3-8228-2486-0

Ayurveda
Gopi Warrier, Dr. Harish
Verma & Karen Sullivan
ISBN 3-8228-2489-5

Reiki
Anne Charlish &
Angela Robertshaw
ISBN 3-8228-2498-4

Qi Gong
Angus Clark
ISBN 3-8228-2495-X

Shiatsu
Cathy Meeus
ISBN 3-8228-2492-5

Tarot
Annie Lionnet
ISBN 3-8228-2480-1

Traumdeutung
Caro Ness
ISBN 3-8228-2477-1

Yoga
Jennie Bittleston
ISBN 3-8228-2504-2

REGISTER

DANKSAGUNG

Besonderer Dank geht an N. J. Brown, Jill Butcher, Carla Carrington, Robert Chappell, James Cox, Julian Diamandis, Daisy Freeman, Tara Harley, R. Harrington-Lowe, Simon Harvey, S. Hodges, Ben Lacey, Jo Leitner, Kay Macmullan, Abdoulie Marong, Katharine Newton, M. Parkin, Lucrezia Pizzetti, S. Richardson, Caron Riley, Francesca Selkirk *für ihre Hilfe bei den Fotos.*

BILDNACHWEIS

Wenngleich auch alles versucht wurde, um die Inhaber von Urheberrechten ausfindig zu machen, so bitten wir doch um Nachsicht, falls wir etwas übersehen haben sollten. Gern nehmen wir in zukünftigen Auflagen die notwendigen Änderungen auf.

AKG, London 9, 13, 85, 145, 157, 194ol, 201. **The Bridgeman Art Library** /Simon Carter Gallery, Woodbrdige, Suffolk, UK 190ml /Galleria dell'Accademia, Florenz, Italien 19ol & 197 /Gemäldegalerie, Berlin 55ol /National Gallery, London 14ol & 213, 18ol /Privatsammlung 22ol /Museum & Galerie des Vatikan 58o. **Corbis/Bettmann** 37, 42ol, /Jacques M Chenet 59o /Ric Ergenbright 26ol /Macduff Everton 6ol /Hulton-Deutsch 55u, 59u /Wolfgang Kähler 178or /Leif Skoogfors 87or. **The Image Bank** /Juan Alvarez 111om /Georges Colbert 78or /Romilly Lockyer 126ur /Andrea Pistolesi 79o /Donata Pizzi 103om /Alex Stewart 94u. **Tony Stone Images** 50ol, 206ol, /Martin Barraud 127om /Christopher Bissell 170or/Daniel Bolser 102ur /Steward Cohen 186ol /Mark Douet 182ol /Dale Durfee 110u /Andrew Errington 118ur /Ernst Haas 210ol /James Henry 75ol /Zigy Kalzuny 58ur, 106ol /Ebby May 74ur /Martine Mouchy 74ol /Dennis O'Clair 166ol /Andreas Pollok 95om /Alan Thornton 119om /Art Wolfe 78ul /David Young-Wolff 215o.